詳しくは本編で平本さんが解説していますが、いわゆる「頭だけで考えたこと」では、人は動けないし、変われません。わかりやすく言うと、「やりたい！」という感情がなければ動けないということです。そして、感情を動かすためには、身体を動かすのが一番ということです。

というわけで、平本さんが「感情」「身体」の話をするときは、特に注意深く読むようにしてくださいね。

もう1つ、コーチングと[illegible]チが答えるものではないということ。答えは、クライアント（コーチ[illegible]の中にあります。それを「引き出す技術」がコーチングなんです。

ですから、平本さんはクラ[illegible]バイスをしたりはしませんし、またクライアントを結論ありきで誘導した[illegible]うではなくて、クライアント自身の「やりたいこと」「実現したいこと」[illegible]けをしています。そのことを念頭に置いて読んでいただくと、セッション[illegible]れているのかが見えやすくなってくると思います。

予習はこれくらいでいいでしょう。

さっそく、平本さんの「引き出す技術」を実際に見てみるところからはじめましょう。

最初のクライアントは、僕、山﨑拓巳です。

山﨑拓巳

２０２１年１月末日

引き出す力

あなたの中の「宝」を掘りおこす!

山﨑拓巳/平本あきお

ビジネス社

はじめに

みんなが同じテレビ番組を見て、翌日は学校や職場全体がその番組の話題で盛り上がる。そういう時代がかつてありました。若い世代には信じられないかもしれません。でも、昔は実際そうだったんです。

もちろん、今の世の中はぜんぜん違います。

みんなが見るような人気番組がまず、ありません。

そもそもテレビは見ないという人も多いのです。ネットを見れば、そこには自分の興味や関心に合わせて膨大な数のサイトやサービスがあります。「SNSをよく見る」と言っても、Facebookが好きな人と、Twitterが好きな人とでは見ているものがまったく違う。もちろん、それぞれのSNSがまた、たくさんのコミュニティに分かれている……。

ようするに、みんなバラバラな情報源を持っているのが今の世の中。それは、おのおのが好きな世界を持っているということ。価値観の細分化です。

価値観が多様になるのはいいことなのですが、正直、困ってしまうこともあります。

コミュニケーションをするとき、相手がどんな価値観を持っているのか、見極めるのが難しいということです。そんなに価値観が多くない世界なら、なんとなく見当がつきます。

でも、これだけ価値観が細分化してしまうと、初対面の相手の価値観を言い当てるなんて、カードゲームの「神経衰弱」の1ターン目みたいなものです。まず当たらない。

ですから、コミュニケーションは時間をかけて相手の価値観を探っていくことからはじめないといけません。もちろん、これはいつもうまくいくとは限りません。

相手の価値観をうまく探り当てられず、人間関係がうまくいかない。

会社などの組織でも、友達関係でも、そして家族でさえ、毎日起きている問題ですよね。


そして、これは本書を手にとったあなたの悩みでもあるはずです。

会社で、部下のやる気を引き出したい。

チームがうまくいっていないからなんとかしたい。

変わりたいと願っているのに、空回りしてばかりの友達の力になりたい。

家族との関係をもっとよくしたい。

そんな思いから、コーチングの技法に興味を持った人は多いでしょう。

自分自身のやる気を引き出したい、つまり、セルフ・コーチングに興味がある方もいるかもしれません。


さて、コーチングは、相手のやる気や行動を「引き出す技術」です。

どうやって引き出すのか、と考えたとき、

「俺の言う通りにがんばれ！」

ではうまくいかないのはもうおわかりですよね。

人はそれぞれに価値観が違うからです。他人に「やれ」と言われたって、やる気は出ません。

自分がやりたいことだから、モチベーションが湧《わ》く。実際に行動できるんです。

つまり、やる気や行動を引き出すためには、まずは、

「あなたは何がしたいの？」

ということを引き出さなければいけないわけです。

もちろん、簡単なことではありません。

それを、魔法のようにあっという間にやってのけてしまうのが、本書のもう1人の著者である平本あきおさんです。

平本さんは、日本を代表するコーチング・カウンセリング・瞑想《めいそう》の第一人者です。オリンピックの金メダリストやメジャーリーガー、起業家・経営者など、これまでに約9万人を指導してきました。

僕自身も、平本さんのコーチング・カウンセリング・瞑想を長年受けてきた1人です。

自分が体験して、

「これはすごい！」

と感じた一般的なコーチングの領域をはるかに越えた平本さんの「引き出す技術」を、広く紹介し、読者に体感してもらうことが、この本の目的です。


でも、問題があります。

それは、平本さんが天才すぎること。

はじめて会ったクライアントでも、10分くらいでその悩みを解決して、やる気を引き出してしまう——なんてことは普通です。

信じられないでしょう？　ただでさえ価値観が細分化して、相手を知ることが難しいこの時代に、ですよ。

だから、平本さんのセッションをはたから見ていると、まるで魔法。「いったい、何をやったの？」とあっけにとられてしまいます。

この本では、平本さんの「引き出す技術」を、実際に何人かのクライアントとのセッションを通じて紹介しつつ、平本さん自身に詳しく解説してもらうことにします。

僕自身、すべて理解しているわけではありません。

でも、平本さんの「引き出す技術」を間近で見て、びっくりしてきた1人として、

「平本さんのどこがすごいか」

「読者はどこが『わからない』のか」

はわかります。

そんな僕が読者目線で質問しつつ、平本さんに解説してもらうことで、みなさんにも本書を通じて平本さんの「引き出す技術」を体験してもらえると考えています。

当たり前ですが、この本を読んだらあなたも平本あきおになれる、というわけではないですよ。

しかし、平本さんが有料アプリだとしたら、その無料版くらいのレベルになれたらよくないですか?

そして、身の回りにいる「なんであの人は変われないんだろう?」という人を、変えていけるようになったら。仕事や人間関係がいい方向にスイスイ進むようになったら。最高じゃないですか?

もちろん、この本を読みながら体験したことを実践していただければ、それは可能です。それだけの濃い内容が、本書には詰まっています。

さて、さっそく平本さんの実演・解説に入ってもいいのですが、その前に、平本さんの「引き出す技術」を体験するためのポイントになりそうな点を、いくつか紹介しておきます。まあ、講義の前のちょっとした予習みたいなものです。

まず、感情と身体《からだ》の重要性。

引き出す力

あなたの中の「宝」を掘りおこす！——目次

はじめに　3

第1章 本当の答えは「動物の脳」から生まれる

◎セッション（実演）1
スーパーボウルで歌いたい山﨑さんの物語――20

セッション1解説
●「目標設定」の罠《わな》――2割の「ビジョン型」と8割の「価値観型」　26
●言葉の役割はたった7％　31
●身体と感情を使う意味　34
●鼻血を出すくらい「やりたい！」「なりたい！」か？　36
●「臨場感」が引き出しのコツ　37

コラム①今日からはじめられる「5分間エクササイズ」　40

第2章 未来と過去を見える化する

◎セッション（実演）2
ジョギングを習慣化したいヒガシさんの物語　44

セッション2解説
●なぜ、椅子を使うのか？　思考の見える化　55
●「引き出すコツ」は現場検証　56
●平本式の基本　過去＋－《プラスマイナス》、未来＋－《プラスマイナス》「自分軸」を引き出す　60

コラム②山崎流・臨場感の高め方　63

第3章 モチベーションと行動を引き出す

◎セッション（実演）3
目標達成を加速したいニシさんの物語――68

セッション3解説
●引き出すために、傍観者ではなく、当事者になる　88
●目標までのプロセスを体感する　90
●主観と臨場感で「画素数」を増やす　92
●仮説→検証を繰り返す　95
●椅子以外の見える化・物質化ツールも活用　98

コラム③２人組で体感できる引き出すエクササイズ・その１　102

第4章 チームの潜在能力を引き出す

◎セッション（実演）4
チームをまとめたいミナミさんの物語　106

セッション4解説
●どんなチームも7〜8人で代表させられる　120
●他人の立場に「立つ」ためには、「座る」こと　123
●チーム運営を成功させるたった1つの鉄則　124
●他人を認められないのは、自分を認められていないから　127

コラム④2人組で体感できる引き出すエクササイズ・その2　129

第5章 どうしても前に進めない人をどうするか？

◎セッション（実演）5
ついついネガティブになってしまうキタさんと、あなたの物語――136

セッション5解説
●コーチング領域とカウンセリング領域 155
●前に進めないのは、過去の問題があるから 156
●多くは10歳までの出来事が原因 158
●あなたの後ろで、いつも見守っている人 163

第6章 「ライフ・チャート」の使い方

◎セッション6（実演）
「ライフ・チャート」を使って山﨑さんの人生全体を見る——170
●初心者向け、かつ高度なツール 170
●ステップ①満足している分野 174
●ステップ②満足していない分野 182
●ステップ③向上させたい分野 190
セッション6解説
●「もう1つ挙げるとしたら？」がポイント 198
●「相手に寄り添う」原則を忘れずに 200
●Doingではなく、Beingを明確に 202
おわりに 208
謝辞 212

第1章

本当の答えは「動物の脳」から生まれる

◎セッション1（実演）スーパーボウルで歌いたい山﨑さんの物語

平本　山﨑さん、もしも、自分にいっさいの制約がないとしたら、どんな未来が理想ですか？

山﨑　いっさいの制約がない？

平本　そう。性別とか、年齢とか、国籍とか、才能や能力とか。そういういっさいの制約がなくて、自由に未来を選択できるとしたら、どんな未来が理想？

山﨑　なるほど……うーん……歌手、かな？

平本　おお、歌手。では、歌手になった未来を思い浮かべてみてください。どういうシーンが特に印象的ですか？

山﨑　……（目をつぶって想像する）……。あのー、アメリカンフットボールの、一番大きい試合があるじゃないですか。

平本　スーパーボウル？

山﨑　そう、スーパーボウル。そのハーフタイムショーで、マイケル・ジャクソンみたいに……。

平本　なるほど。じゃあ、スーパーボウルのハーフタイムショーに山﨑さんが出ます。どうやって登場する？　いろんなやり方があるよね。ステージの下から出てくるのか、上からヘリで降りてきてもいいし。

山﨑　下からです。

平本　OK。じゃあ、今から再現しましょう。ちょっとしゃがんで。

山﨑　はい。（しゃがむ）

平本　じゃあいきますよ。

Welcome to super bowl, Takumi Yamazaki！（拍手）

山﨑　（立ち上がる）

平本　フーーー!!!（大拍手）

山﨑　いやー、照れくさいですね。（笑）

平本　このシーンが特に印象的なんですね。じゃあ、このシーンはどこが特にいいと思う？

山﨑　うーん……自分の存在が、人をハッピーにしてるところ。ただ立っているだけなのに。

平本　なるほど。

実は、それが山﨑さんの価値観なんですよ。自分の存在が人をハッピーにする、ということ。じゃあ、それがどんどん増えていったらどうですか？　そんな未来になったらどう感じる？

山﨑　それはヤバい。最高ですね。

平本　じゃあ、ちょっと動いてみましょうか。スーパーボウルのハーフタイムショー、ステージを歩き回ってみましょう。じゃ、まずあっちのほうから歩いてみましょうか。

山﨑　はい。（歓声に応え、手を振りながらながら歩き回る）

平本　近づいていったらお客さんはどんな反応？

山﨑　もう、「はぁー！」「きゃー！」ってなってますね。

平本　お客さん、喜んでるね。それを見てどう思う？

山﨑　うれしい！

平本　じゃあこっちも行ってみようか。お客さんどう？

山﨑　大喜びしてる。あっ、失神した人もいる！

平本　山﨑さんが来て、うれしすぎて失神しちゃった。どう思う？

山﨑　もう、最高にうれしいです！

平本　OK。じゃあちょっと、こっちに戻ってきましょうか。

今、「自分の存在が人を幸せにする」という山﨑さんの価値観が出てきましたね。

山﨑　たしかにそれ、僕にとって重要な価値観ですね。

平本　じゃあ、実際に、ここ2、3ヶ月の間で、その価値観はどのくらい満たされてます？

ざっくりでいいんで、10点満点で言うと？

山﨑　まだ6点ぐらいかな。

平本　6点。じゃ、その6点というのは、具体的に、どんな場面で実現されてる？　印象的な場面を教えてください。

山﨑　えーと……最近は、Zoomでリモートセミナーみたいな形でみんなと会うことが多いんです。

平本　ほうほう。

山﨑　画面に顔が出てきたときに、その人の名前を呼んであげると、それだけで顔がパッと明るくなるんですよね。その瞬間、「あ、役に立ててるわ」という気持ちになります。

平本　なるほど。じゃ、目を閉じて思い出してください。Zoomで、画面に出てきたその人の名前を呼んであげて、表情がパッとなるシーン。

山﨑　はい……。（目を閉じて想像する）

平本　さあ、今は6点なんですよね。これが、6・5点とか、7点になるには、どういうことが起こったらいい？　どういうことが起こったら、点数が上がる？

山﨑　えー、そうですね……僕自身が、「そのこと」をもっと意識することかな。自分の存在によって、人が幸せになっていく。そういう自分なんだよっていうことを、自分に言ってあげることによって、もっと人を幸せにするエネルギーが出ていくと思うんですよ。

平本　なるほど。わかりました。自分の存在で人を幸せにしていくということをもっと意識するということね。

じゃあ、もう一度、目を閉じて。

明日の朝起きたとしてください。「自分が存在していることで人を幸せにしていく」。これを、明日の朝、どの場面から意識しますか？

山﨑　それは、明日の朝、どのタイミングで、ということですか？

平本　そう、起きてすぐ、まだベッドにいるときなのか？　顔洗ってるとき？　ご飯食べてるとき？

山﨑　朝、パソコンの前に座った瞬間、ですね。

パソコンで、みんなとつながってるじゃないですか。それを通じて、幸せにするエネルギーを送っていくイメージ。

平本　いいですね。じゃ、想像してください。明日の朝、起きて、パソコンの前に座りました。回線を通じて、向こうにわーっとエネルギーを送る。

山﨑　…………。（目を閉じて想像する）

平本　さあ、こんなふうに過ごしたら、明日は何点ぐらいになってますか？

山﨑　うーん……8点。

平本　8点。じゃあ、これを次の日は9点、その次の日は9・5点と、どんどん続けていったらどうなると思いますか？

山﨑　すごいですね。発想が変わるし、やることが変わりますよね。

解説

◎セッション1

●「目標設定」の罠《わな》——2割の「ビジョン型」と8割の「価値観型」

山﨑　スーパーボウルの話からはじまって、あっという間に明日から何をやればいいかがわかってしまいましたね。

僕はずっと平本さんにコーチングを受けているので、今、平本さんが何をやったか、だいたいわかるんです。でも、おそらく、ほとんどの人は「え？」って感じだと思うんですよ。そこで、今のセッションについてちょっと解説してもらっていいですか？

平本　わかりました。

まず、前提として少し話をしたいんですが。よく、行動を変えるためには、あるいはモチベーションを高めるためには、目標を設定しなさいっていうでしょ。

山﨑　ええ、言いますね。人の力を引き出すには、まず目標を設定させるべき、と考えている人が多いんじゃないかな。

平本　ところがね、私は今まで、約9万人の人にコーチングしてきてわかったんです。5年後、10年後、20年後にあれをやりたいという夢、あるいは目標がモチベーションになる人って、たったの2割。

山﨑　え？　2割？

平本　そう。こういう目標がモチベーションになるタイプの人を私は「ビジョン型」って呼んでます。

じゃあ、残りの8割の人はどうなのか。この人たちは、10年後どころか、1年後のビジョンも浮かばない、あるいは無理やりそういう目標を立ててもモチベーションや行動にはつながらない。

じゃあ、この人たちには何が効くかというと、価値観です。

山﨑　価値観。さっきのセッションでも出てきましたね。

平本　そう。価値観というのはどういうことかというと、たとえばさっき山﨑さんが言った、「自分の存在が人を幸せにする」もそうだし、あとは「人に感謝される」とか、「つながりを感じたい」とか、「粛々と生活する」とか、「変化に富んだ生活」とか。

具体的にこういう仕事につきたいとか、こういうことを実現したいというんじゃないんです。どういう仕事をしていても、どういう場であっても、その価値観が満たされればいい。８割の人はこっちのタイプで、「価値観型」と呼んでいます。

わかりやすく言うと、「10年後、介護ビジネスで、全国に１００の事業所を持つ会社の社長になる」という目標を立ててがんばれるのがビジョン型の人。

一方、別に大きな会社の社長でもサラリーマンでもいいし、仕事が介護だろうと飲食だろうとエンターテインメントだろうと関係ない。とにかく「人に感謝される」という価値観が満たされる生き方ができればいい、というのが価値観型の人。

山﨑　なるほど。それはちょっと衝撃ですね。

僕はそれで言うと、ビジョン型なんですよ。実際、目標を立てて、そこから逆算してスケジュールを立てて、今やるべきto doに落とし込んで……というやり方でやってきた。だから、それが正しいと思って人にも教えてきたんです。

でも、ビジョン型は２割だけか……市場として狭いかもしれない（笑）。

平本　山﨑さんみたいに、目標を立てて、「何年後にこれをやる」と宣言して、実際にやる人って「すげえ！」って思うでしょ。目立つんです。だから、目標を立てるのが正しいと思いがちなんだけれども。２割の人にとっては正解なんですけどね。

山﨑　でも、残り８割にはもう１つの正解があると。じゃあ、８割の価値観型の人たちはどうやったらうまくいくのか知りたいですね。

平本　それも、ビジョン型との比較で説明するとわかりやすい。

ビジョン型の人は、未来にどうなったらいいかを思い描く。ありありと理想の未来をイメージする。これが目標とか、夢ですよね。そこから逆算して今やるべきことを考える。

価値観型の人は、逆に過去を使うんです。過去の原体験。

原体験というのは、

「あのとき、めちゃくちゃ楽しかったな」

「子供の頃、こんな遊びに夢中になったな」
「家族とのあんな時間が最高に幸せだったな」
といった記憶。幸せだったシーンをありありと思い浮かべるんです。

その上で、「なんでそのシーンが良かったのか？」を考えると、価値観が出てくる。

山﨑 それって、たとえば部活でがんばって、大会で優勝したとき、最高に幸せだった。なんで幸せだったの？ と考えると、「みんなとの一体感を感じられたからだ」みたいなことですね？

平本 そう。そこで、この人の価値観は「みんなとの一体感を感じられる」ということだとわかるわけ。

そうやって価値観が出てきたら、次の段階。

その価値観が満たされている今日って、どんな今日？ その価値観が満たされている明日って、どんな明日？ その価値観が満たされている1週間って、どんな1週間だろう。1ヶ月では？ 1年だと？……とやっていくと、どこかでポーンと1年後、2年後、5年後のイメージが出てくるんです。

山﨑 そうか。価値観型の人は、価値観を満たすために今日何をしたらいいの？ 明日何をしたらいいの？　と考えていって、その後に未来のビジョンが出てくるわけですね。

平本　逆に、ビジョン型の人も、ありありと目標をイメージした上で、「じゃあ、その目標はなんであなたにとっていいの？」と考えてもらうと、価値観が出てくる。

山﨑　それ、わかります。僕はビジョン型だけど、価値観も持ってるんです、もちろん。その1つが、成長すること。

時には目標を達成できないこともあるんですよ。そういうときでも、「ビジョンには届かなかった。でも、このプロセスでこれだけ成長した」って思うから、やっぱり自分に100点をあげられるんです。

平本　いいですね。だから、ビジョン型と価値観型には分けられるんだけど、順番が違うだけで、実は両方のアプローチをできるのがベスト。どちらかが苦手だったら、もう一方からアプローチしてみる、という考え方なんです。

●言葉の役割はたった7%

山﨑　さっきのセッションでは、スーパーボウルのハーフタイムショーという未来のイメージをありありと思い浮かべて、それがなんでいいの？　というところから僕の「自分の存在が人を幸せにする」という価値観を引き出したということですよね？

平本　そうですね。じゃあ、未来や過去をどう使うかというのもちょっとまとめて説明しましょうか。

人のモチベーションを引き出すために、未来と過去をどう使うか。

まず、未来＋《プラス》というのは、こうなったら最高という未来。つまり、目標、夢。

過去＋というのは、「あのとき最高に楽しかったな」というシー

「引き出す技術」の構図

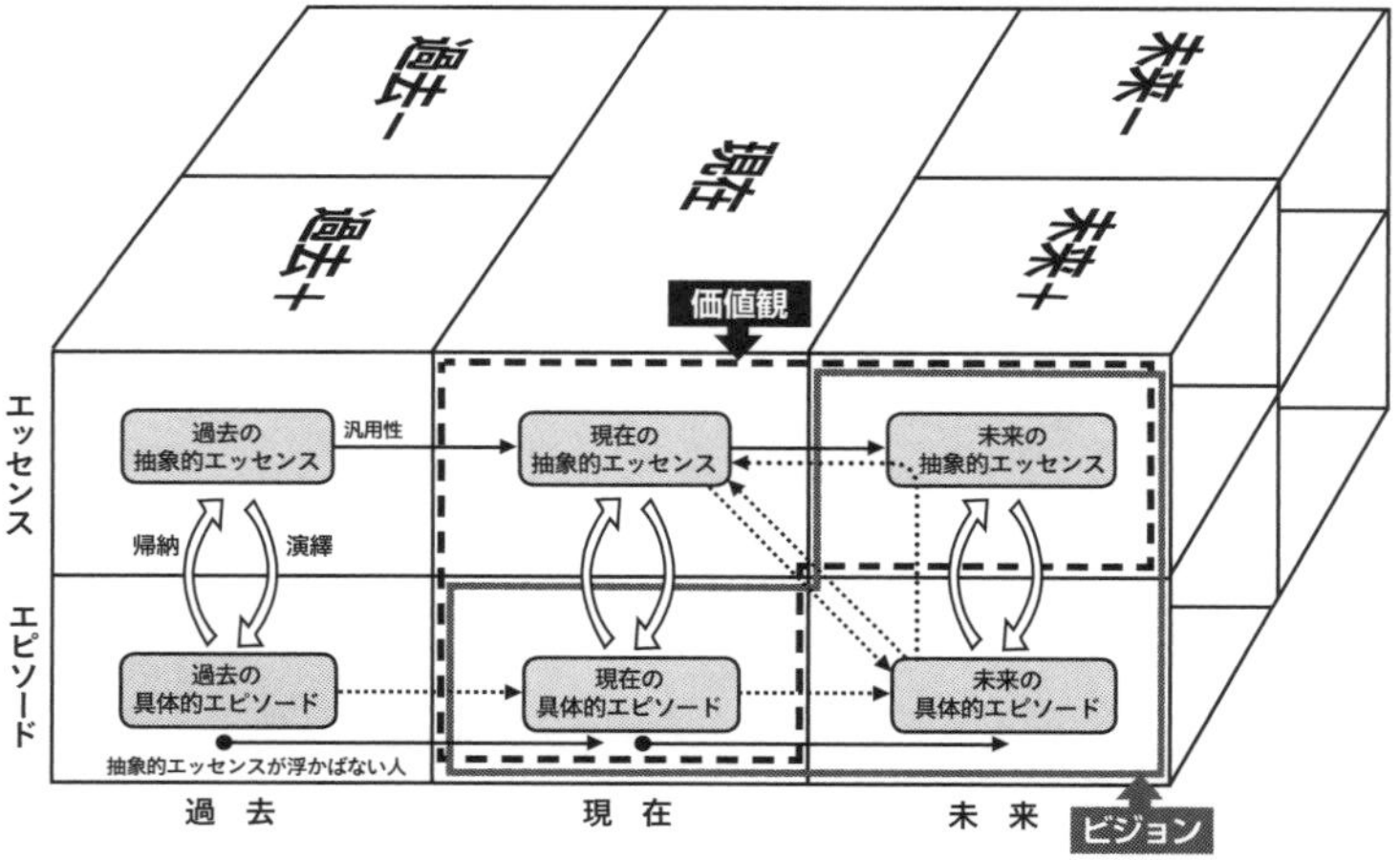

・帰納（抽象化）……いくつかの具体的事例から、それらに共通する一般法則を見いだす
・演繹（具体化）……一般法則から、それに当てはまる具体的な事例を導きだす

宮越大樹氏が開発した「目線切り替えマップ」と平本あきお『コーチング・マジック』（PHP研究所）の図を統合

ン。さっき言った原体験ですね。

この2つを、ありありと思い浮かべることでビジョンや価値観を引き出すわけです。

逆に、「こうはなりたくない」という未来−《マイナス》や、「あのとき最悪だった、二度と経験したくない」という過去−もある。それをありありと思い浮かべることで、モチベーションを引き出すこともできる。

未来と過去、いずれにしても大切なのは、ロジックで考えるんじゃなくて、プラスマイナスの感情を深く掘ること。

山﨑　それ、重要なポイントですね。平本さんのメソッドのおもしろいところ。

ついつい、人を動かそうとすると、言葉で導こうとしちゃうじゃないですか。でも、実際は言葉って、コミュニケーションの中で占める割合は7％くらいでしかないと言われている。

平本　そうなんです。感情を動かすためには、言葉だけじゃなくて、身体を使うことが大事。たとえば、椅子《いす》に座って、うつむいて、手足を縮めて、「前向きな気分になるぞ！」って言っても……。

山﨑　なれないですね。立ち上がって拳《こぶし》をつきあげて、「やるぞ！」ってやらないとね。

平本　でしょう。逆に、立ち上がって拳をつきあげながら落ち込むこともできない。身体の状態と心の状態は結びついてるんです。
だから、未来や過去をイメージするときは、できるだけ身体を大きく使って表現すること。

山﨑　さっき、スーパーボウルのハーフタイムショーをイメージしたときもそうでした。身体を動かして、そのシーンを再現することで、ありありとイメージする。僕、いったんステージの下にしゃがんで隠れましたからね。

平本　そこまでやることで、感情が動く。未来や過去をリアルにイメージすることができるんです。できるだけ身体感覚を研ぎ澄まして、感情を動かすことが大事。

山﨑　よくあるのが、机に向かって、「あなたの目標は何ですか？」「あなたの成功体験について話してください」「じゃあ、紙に書いてみましょう」。こんなふうにやってるだけだと、脳の力を7％しか使えていないということですよね。

●身体と感情を使う意味

平本　脳ミソの構造で言うと、人間の脳には新しい脳と古い脳があります。大脳新皮質《だいのうしんひしつ》というのは一番新しい脳で、言葉、ロジックを扱う部分。私たちの先祖が、ヒトに進化する過程で発達した部分ですね。

もっと奥のほうにある大脳辺縁系《だいのうへんえんけい》、扁桃体《へんとうたい》というのは、爬虫類《はちゅうるい》の頃からあった古い脳なんですが、ここが実は感情や行動を司っている。

山﨑　その「爬虫類脳」を使わないといけないんですね。

平本　そうなんです。よく、本を読んで「わかった！」「これで成功できる！」と思うけど、行動に移せない人っているでしょ。

山﨑　ありがちですねえ。

平本　それは、本を読んだだけだと、理屈で理解しているだけだから。つまり、大脳新皮質しか使っていない。

山﨑　爬虫類脳を使っていないから、感情が動かないし、モチベーションも湧かないし、行動もついてこないわけですね。

平本　だから、大脳新皮質は、夢を描いたり、やりたいことを見つけるのに使っちゃダメなんです。ロジックで考えた目標とか価値観とかは、理屈でしかない。「こんな目標が人に褒められそうだな」とか「こんなふうに答えておけば当たり障《さわ》りがないかな」みたいな、理屈から出てきているもの。本当にやりたいことじゃないんです。

夢を描いたり、やりたいことを見つけるためには、身体を動かして、感情を動かして、大脳辺縁系を発火させせないとダメ！

●鼻血を出すくらい「やりたい！」「なりたい！」か？

山﨑　つまり、本当にやりたいこと、実現したいことっていうのは、大脳辺縁系＝爬虫類脳から出てくるっていうことですよね。それが本気で「やりたい！」「なりたい！」ということ。

平本　そうなんです。だから、私がこれまで関わってきた人の中で、セッション中に鼻血を出した人が2人いる。

山﨑　鼻血!?　平本さん、まさか殴ったんですか？

平本　いやいや、触れてもいないのに（笑）。

思い描いた夢があまりにもすばらしくて、「やりたい！」「そうなりたい！」という感情が強すぎて、鼻血を出してしまったんです。

山﨑　それはすごいですね。それだけ、夢を描くときには、大脳辺縁系を使うことが大事。

平本　そう。ただ、大脳新皮質にも役割はありますよ。夢を描いた上で、それを実現させる手段を考える段階では、大脳新皮質を使ってロジカルに考えればいいんです。だけど、夢を描くのはあくまでも大脳辺縁系。それも、鼻血が出るくらいありありと思い描くこと。

山﨑　鼻血が出るくらいの夢だったら、それは動けるし、叶《かな》いますよねえ。

ただ「リアルに夢を思い描こう」というアドバイスをする人は多いんです。問題は「どうやったらリアルに想像できるの？」ってことでしょう。平本さんの場合、そのための技がすごい。それはこのあとのセッションで、たくさん出てくると思います。

●「臨場感」が引き出しのコツ

山﨑　セッションの解説に戻りましょうか。

平本さんは、僕にスーパーボウルのハーフタイムショーをありありと想像させた。そして、「このシーンはどこが特にいいと思う？」という質問で、「自分の存在が、人を幸せにする」という僕の価値観を引き出したんですね。

平本　そう。繰り返しになりますけど、これは頭だけで考えていたら出てこない。その場にいるかのように、そのときの表情、動き、聞こえてくる声、匂《にお》い、味……といったものまで想像する。過去のことだったら思い出す。そこまでシーンを想像して、「あー、自分の存在が人を幸せにしている。いいなあ」というのが出てくる。心理学的にいうと、「臨場感」を持つということ。

山﨑　臨場感、これはポイントですね。で、価値観が出てきたら、今度は現状でその価値観がどのくらい満たされているかを採点する。僕は6点と言いました。それを1点でも、0・5点でもいいから加点していくにはどうしたらいいかを考えると、何をしたらいいのかという答えが出てくる。

平本　その前に、今ある「6点」の内容を具体的に知りたいんです。

山﨑　あ、なるほど。それを聞かれて僕は、Zoomでやっているリモートセミナーのシーンを挙げたんですよね。

平本　そこでも臨場感が必要なんです。Zoomで見えてくる一人ひとりの顔、声、名前を呼んだときの表情の変化、それを見てどう感情が動いたか。それを臨場感を持って思い出す。

山﨑　臨場感を持って思い出した上で、じゃあどうしたら6点が7点とか8点になるかを考えるんですね。

平本　そうなんです。すると、＋1点にするためのリアルな答えが、山﨑さん本人の中から出てくるんです。

山﨑　なるほど。平本さんは答えを教えたり、アドバイスするんではなくて、あくまでも本人の中にある答えを引き出すんですよね。これも重要なポイントですね。

平本　そういうことです。

山﨑　このあとのセッションでも、平本さんがどうやってクライアント本人の中から答えを引き出していくのか、という視点から見てもらったらわかりやすいと思います。じゃあ、さっそく悩みを持っているクライアントさんをお呼びして、セッションをやっていきましょう！

コラム① 今日からはじめられる「5分間エクササイズ」

山﨑　「引き出す技術」は奥が深いもので、この本を全部読んでもらって、そのエッセンスをつかんで、そして、繰り返し実践しながら身につけていくものだと思うんです。

平本　ええ、そうですね。

山﨑　で、これから「引き出す技術」にチャレンジしてみたいという人のために、まずは手軽に「『引き出す技術』ってこんな感じなんだ」と体感できるようなエクササイズを紹介できたらいいと思うんですよ。奥が深いからこそ、何か入りやすい入り口があったほうが。

平本　たしかにそうですね。手軽に体感できて、わかりやすいものを。じゃあ、1人でできる練習、つまり自分のモチベーションを引き出す5分間エクササイズを体感していただきましょうか。

山﨑　いいですね。まずは自分を実験台にして（笑）。

平本　これは、特に未来にどうしたいかがはっきりしてない人、特にビジョンがないという人が、明日から行動を変えられる方法です。

使うのは、過去+。過去のポジティブな経験ですね。何でもいいので、過去に自分がブレイクスルーした、何かを突破した場面を思い浮かべてください。

山﨑　というと、受験で合格したとか。上司に褒められたとか。そういうのでいい？

平本　いいですね。チームで何かを達成したとかね。小さいことでぜんぜんいいんですよ。ドーナツを目の前にして、ダイエット中だから我慢したとかね。自分が心の底から「やった」と思える場面であればけっこうです。

その場面を、ありありと思い浮かべる。

山﨑　ありありとイメージする。臨場感ですね。

平本　そうです。

どんな場所にいたか？　誰が周りにいたか？　身体も使ってください。そのときの動き、声を強調して再現する。

山﨑　ガッツポーズをしたり、「やった」「よっしゃ」と声を出したりするといいんですかね。

平本　はい。そうすると、臨場感が上がる。

さあ、十分にそのときの感情を味わいました。では、その気持ちで明日から何かに取り組むとしたら、何に取り組むかを考えます。

具体的にどんな場面が浮かびますか？　これも、動き、声、ジェスチャーを使って。がんばっている自分の感情を味わって、さらに感情を倍にしていきましょう。

……と、これで明日から何をやるべきかが自分の中から引き出せるわけですね。

山﨑　なるほど。頭で考えて、紙に to do を書き出すだけ、みたいなやり方より、ずっとモチベーションが上がりそう。

平本　そうなんです。

もっと手軽な方法としては、毎朝10秒間、布団の中で過去＋か未来＋を思い浮かべるだけでも効果がありますよ。

山﨑　それも、いわゆる「ポジティブなイメージをする」ってだけじゃなくて、ありありと、臨場感を高めながら。

平本　そう、そこが大事。

山﨑　これは今すぐ、今日から実践してみるといいですよね。

第2章

未来と過去を見える化する

◎セッション2（実演）ジョギングを習慣化したいヒガシさんの物語

クライアント：ヒガシさん、女性。
――朝のジョギングを習慣化したいのだが、なかなか続かなくて悩んでいる。

【シーン①】

平本　では、はじめましょう。
ヒガシさんは、朝早く起きて、ジョギングを習慣にしたいんですね。

ヒガシ　はい。

平本　なるほど。じゃあ、それができたことはありますよね？　早起きしてジョギング。

ヒガシ　はい、何回かできたことはあります。

平本　わかりました。じゃあこっちに来てもらえますか。

ここに、椅子《いす》を2脚置きました、右がプラス、左がマイナスだとします。

この場合で言うと、朝早起きしてジョギングできたらプラス、だから右。起きられなかった、ジョギングできなかったらマイナスだから左です。

さあ、今、朝が来ました。プラスのほうに1歩踏み出して。

ヒガシ　（1歩踏み出す）

平本　目をあけて、うーんと伸びをして。（伸びをする）

ヒガシ　（伸びをする）

平本　そして、ベッドから出て、ジョギング

ができたときのことを思い出して。

さあ、走ってみましょう。（その場でジョギングの動き）

ヒガシ（その場でジョギングの動き）

平本　はい、最初の位置に戻って。

早起きして、ジョギングできたのは1回だけじゃないですよね？

ヒガシ　はい。何回か。

平本　じゃ、他にも成功したときのことを思い出して。さっきと同じように、1歩踏み出して。うーんと伸びをして、走る。これを繰り返してみて。

ヒガシ（1歩踏み出して、伸びをして、その場でジョギングの動き。何回か繰り返す）

平本　はい、ＯＫです。

じゃあ今度は、できなかったこともありますよね。起きられなかった、やる気が出なくて走れなかった。思い出してみてください。

ヒガシ（目をつぶって、思い出している）

平本　では、今度はマイナスのほうに1歩、踏み出して。起きられない、やる気が出ない。

はぁー。（うつむいて、ため息）

ヒガシ　（１歩踏み出して）はぁー。（うつむいて、ため息）

平本　はぁー。（布団をかぶって、二度寝する動き）

これも、何度かやってみてください。

ヒガシ　はぁー。（うつむいてため息）　はぁー。（布団をかぶって、二度寝する動き）

平本　いいですね。では、こっちに来て。（椅子の前に移動）

やれてるときとやれてないとき、パッと見て何か違いがありますか？

ヒガシ　うーん。（ちょっと見て）……あっ、朝早く起きられたときは走りにいける。

平本　なるほど、早く起きられるかどうかがまず１つのターニングポイントってことで

すね。
じゃあ、今度はこっちに来てみて。（椅子の後ろに移動）

【シーン②】

平本 （後ろに2つの椅子を置いて）ここが寝るタイミングだとしてください。
朝早く起きられたとき、その前の晩からパターンがありますよね。早寝したとか、お酒を飲まなかったとか、音楽を聴いたとか。それを思い出してみましょう。じゃあ、1歩前に進んで。（1歩前に踏み出す）
ヒガシ （1歩前に踏み出す）
平本 眠りましょう。（目をつぶる）

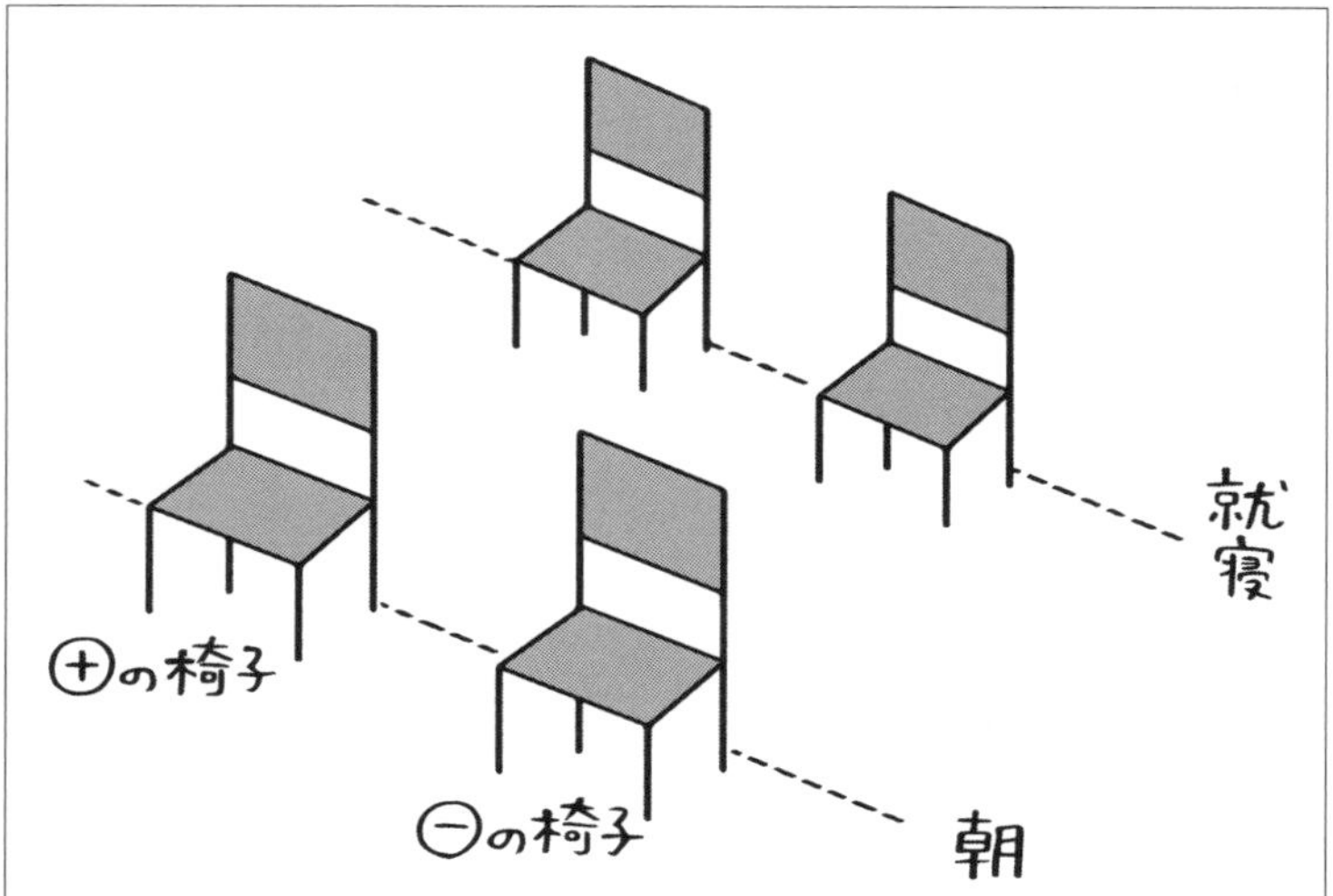

ヒガシ　（目をつぶる）
平本　これも、何度か繰り返してみて。
ヒガシ　（１歩前に出て、目をつぶって寝る動作を繰り返す）
平本　はい、ＯＫ。
じゃあ、今度はこっちに来てください。
（マイナスのコースに移動）
今度は、朝、起きられなかったとき。前の日の晩にどんなことをやっていたかを思い出して。
ヒガシ　（１歩前に出て、目をつぶって寝る動作を繰り返す）
平本　はい、それではこっちから見ましょうか。
早く起きられたら走れる。早く起きられ

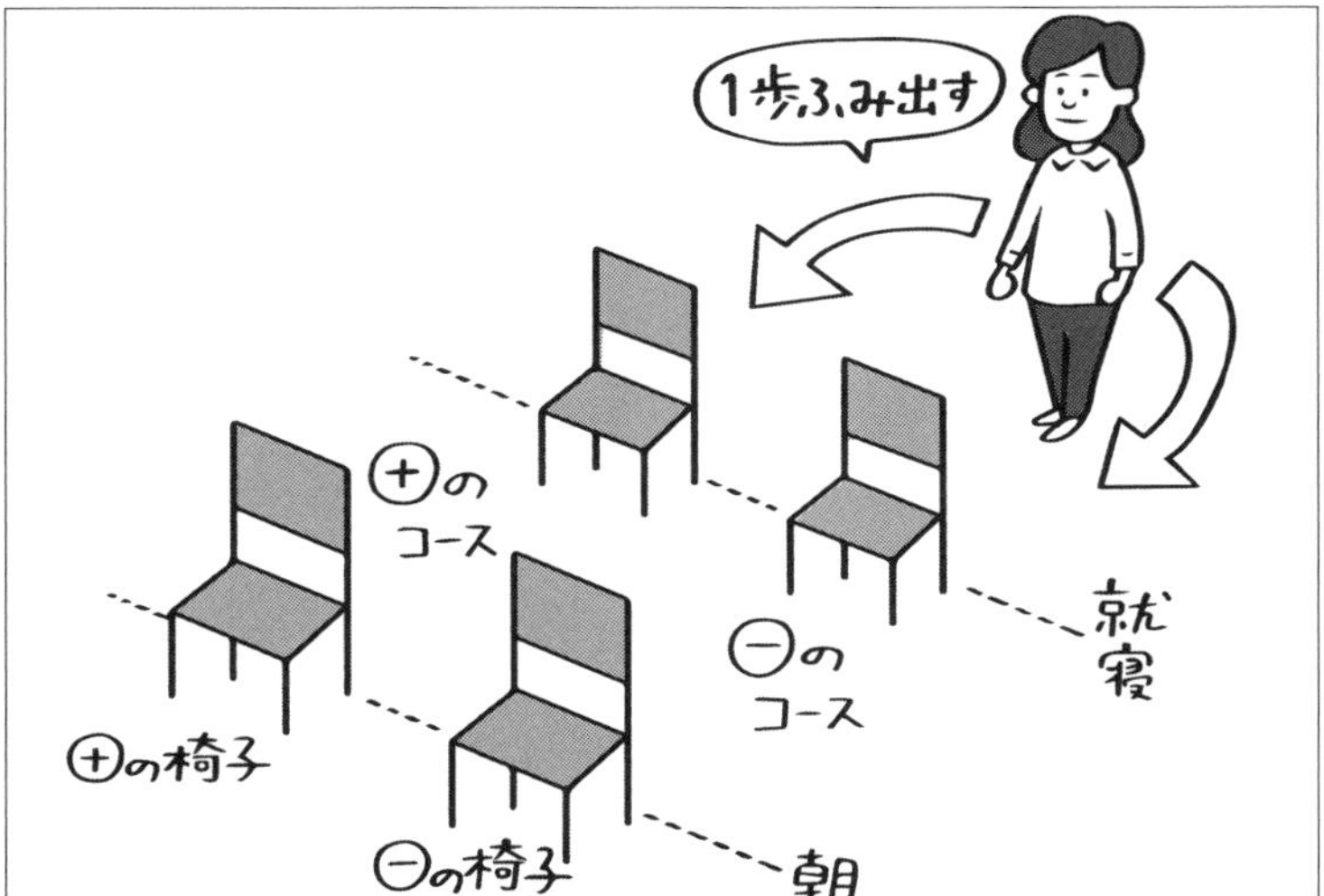

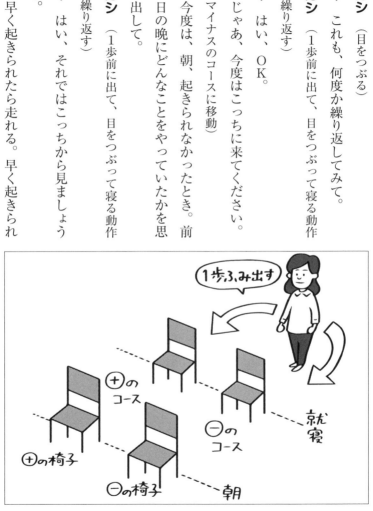

るときと起きられないときの、前の日の晩の違いは？

ヒガシ　……早く起きられる日の前の晩は、早く寝ています。あと、ゆっくり入浴している。

平本　ゆっくり入浴して、早く寝ると。ほかには？

ヒガシ　次の日の準備をすませている。

平本　なるほど、じゃあ、次に行きましょう。

【シーン③】

平本　（後ろのほうへ行く）

どういう1日を過ごしたら、ゆっくり入浴して、早く寝るのか。ちょっと思い出し

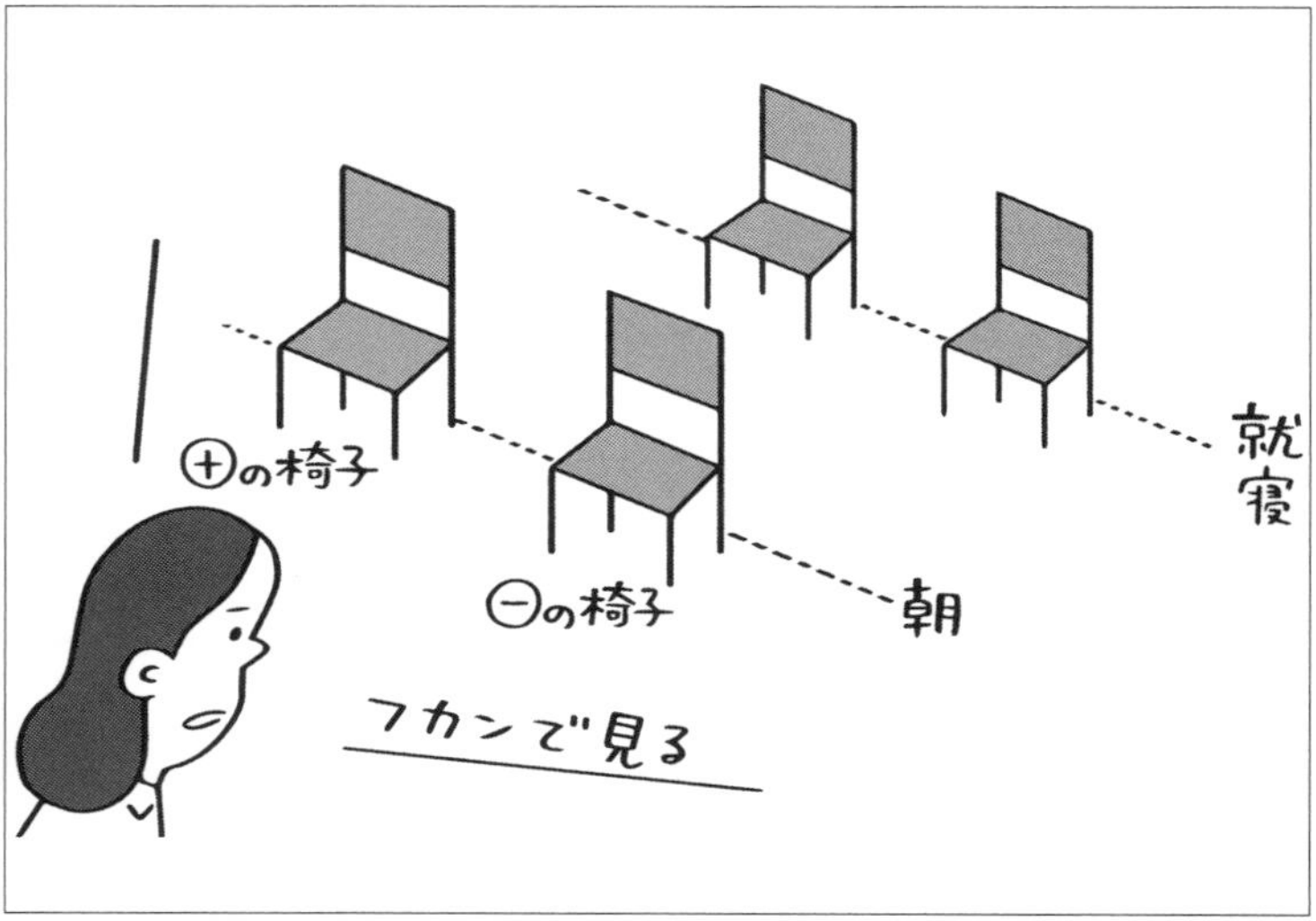

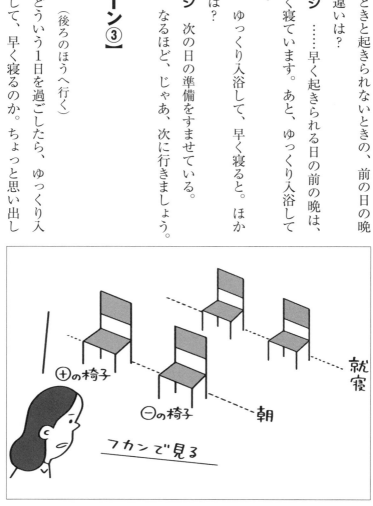

てみて。

ヒガシ　…………。（前の椅子たちを見ながら、思い出している）

平本　仕事量がつまっていないとか、計画通り仕事を終わらせられるとか。人間関係がもめていないとか。どういうときはゆっくり入浴して早く寝られる？

ヒガシ　しなきゃいけないことを早めにすませて、早めに夕ご飯を食べています。

平本　ＯＫ。じゃあこっちに行きましょう。

【シーン④】

平本　（ヒガシさんと一緒に最初の位置に戻る）前の夜早く寝ました。早く起きました。

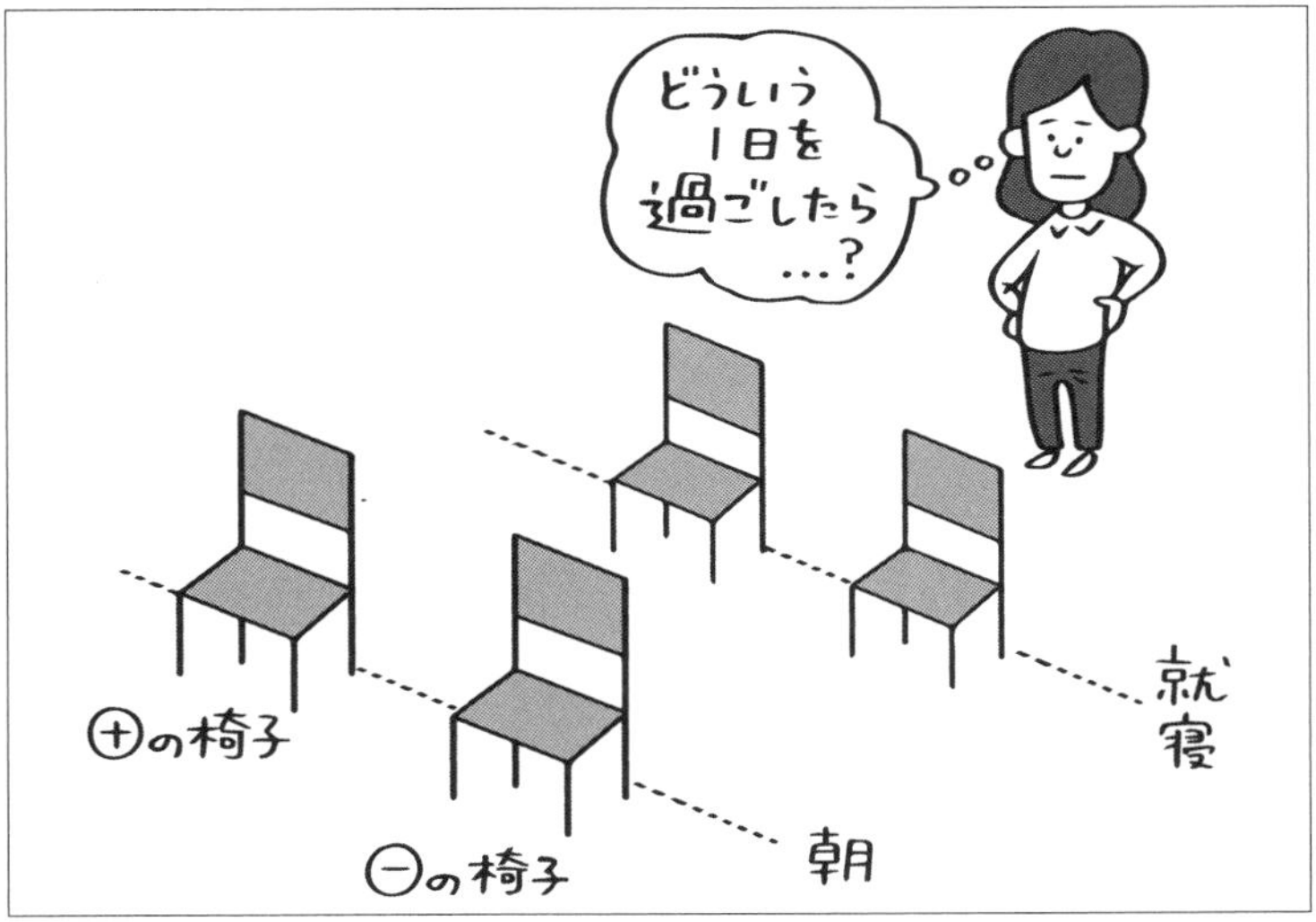

1歩前に出て、気持ちよく走る。

ヒガシ　（1歩踏み出して、その場でジョギングの動き）

平本　さあ、この中で、一番いい瞬間はいつ？　走ってるときか、走り終えたときなのか。

ヒガシ　（走りながら）走ってるときの……この、朝の空気が気持ちいい。

平本　いいですね。じゃあ、走っているときの朝の空気を感じて。もっと感じて。もっと感じて。

さあ、こんなふうにして走って、帰ってきたあとの1日。どんなふうに過ごせそう？

ヒガシ　……脳が活性化してる……ので、したいことが明確になって、段取りよく動ける。

【シーン⑤】

平本　ＯＫ。じゃあまた、こっちに行きましょう。（後ろのほうへ行く）

明日の朝、早く起きて、走って、風を感じて、脳が活性化して、段取りよくいい1日を過ごす。

どのへんのことを想像したら、今日は早く寝ようと思う？

ヒガシ　朝、気持ちよく走っている瞬間を想像します。

平本　じゃあ、どのタイミングで想像しましょう？　前の日の晩なのか、それよりもっと前、日中なのか。午前中なのか。ずっとなのか。

ヒガシ　日中ですね。

平本　前日、日中のどのタイミングで、「明日の朝早起きして、走ったら風が気持ちいいわ」って想像する？

ヒガシ　うーん、お昼ご飯を食べたあと、ですね。

平本　じゃあ、お昼ご飯を食べたあとに想像しましょう。明日の朝、気持ちいい風を感じて走っているシーンを。（就寝の椅子のと

ころまで歩いていく）

どんな気持ちでその日（前日）を過ごせそうですか？

ヒガシ　帰ってからダラダラせず、テキパキと用事を片付けられそう。

平本　そして、早く寝ました。（就寝の椅子を越えて、さらに前に進んでいく）

ヒガシ　はい、寝ました。

平本　そして熟睡して、早く起きました。（前に出ながら）

うーんと伸びをして、風を感じて走ってください。（その場で走る）

ヒガシ　（その場で走る）

平本　もっと風を、もっと風を。もっと風を！

ヒガシ　気持ちいいです！

平本　……というのを、毎日お昼を食べたあとに想像しましょうか。

ヒガシさん、すごい汗かいてるね。本当にジョギングしたみたい。

ヒガシ　ホントだ（笑）。

平本　さあ、どんな気分ですか？

ヒガシ　朝からさわやかに起きられそうな気持ちです。

平本　良かった。５年、10年後の目標は思い浮かべられなくても、明後日の朝、早起きしてさわやかに走っているくらいはぜんぜんイメージできますよね。そうしたらいろんなことがもっとうまくいきだしますよ。

ヒガシ　はい。ありがとうございます。

平本　ありがとうございました！（拍手）

◎セッション２　解説

●なぜ、椅子を使うのか？　思考の見える化

山﨑　ありがとうございました。さあ、どこから解説してもらいましょうか。

まず、椅子が出てきたことが気になるかもしれませんね。平本さんの「引き出す技術」では、会議室なんかによくあるタイプの椅子がひんぱんに使われるのが特徴ですよ

ね。

平本　はいはい、椅子ね。これは、クライアントの思考を見える化するために使うんです。

山﨑　思考の見える化、ですか。

ここでは、まず朝、走りに行くタイミングを椅子で表して**【シーン①】**、その後ろに置いた椅子で就寝のタイミングを表したんですね。**【シーン②】**

平本　そうです。さらに、ちゃんと早く起きて、ジョギングに行けるパターンと、起きられない、走りに行けないパターンとを、椅子を横に並べて表してるわけですね。

山﨑　なるほど。うまくいくパターン、うまくいかないパターンを頭の中で考えるだけじゃなくて。椅子を使って見える化してると。

この後も、椅子は繰り返し登場すると思うので、まずは「見える化」の道具ということを押さえておいたらOK？

平本　OKです。

●「引き出すコツ」は現場検証

山﨑　さて、ヒガシさんはジョギングを習慣化したいんですよね。習慣化したい人って多いと思うんですが、これをコーチングするときのコツって何でしょうね？

平本　コツは、まずは現場検証をしたいんですね。

山﨑　現場検証？

平本　うまくいっているとき、つまり、続けようと思ったことをちゃんとやれる日と、うまくいかないときのパターンを発見したい。それは脳内のパターンか、思考のパターンか、言語のパターンか、身体感覚のパターンか、感情のパターンか。この段階では何もわからない。いっさいこっちで予断を持たずに、臨場感を持って再現してもらいます。

ここではまず、過去＋を使ってるんですね。うまくいったときのことを思い出す。大事なのは、身体を動かしながら、感情を使って思い出すこと。

山﨑　はい、大事なのは臨場感。身体を使うこと。

平本　そう。彼女がうまくいったとき、うまくいかなかったときの動きを思い出してもらうんです。できることなら一緒にやってあげたほうがいい。

山﨑　平本さん、一緒に走ってましたね。

平本　こうやって、うまくいったときとうまくいかなかったときに何が起こっていたのかを再現して、現場検証したんです。

山﨑　その上で、椅子の前に回って、フカンで見る。＋の椅子と、－の椅子を見比べたんですね。見える化しておいたから、見比べることができるわけですね。

平本　そういうことです。

そうすると、ターニングポイントは早く起きられたか、起きられなかったか、だとわかった。**【シーン①】**

じゃあ、早く起きられたら走れる、と。

というわけで、早く起きてください！……だと、どう？

山﨑　いや、それができないから困ってるわけで……。

平本　ですよね。

というとことで、次は起きられるかどうかに影響を及ぼす因子を探したんです。

山﨑　前の晩に、ゆっくりお風呂に入って早く寝てるんでしたね。**【シーン②】**

平本　そうそう。じゃ、ゆっくりお風呂に入って、早く寝てください。

山﨑　だから、それができないから……。

平本　はい、ですよね。じゃあ、早く寝られるか、どうか。それに影響を及ぼす因子は？

山﨑　……なるほど。だんだんわかってきました。

平本　とやると、スムーズに用事を終わらせて、夕食を早めにすませると、ゆっくりお風呂に入って早く寝られるとわかった。**【シーン③】**

じゃあ、どうやったらスムーズに用事を終わらせて、夕食を早めにすませられるか。

それに影響を与える因子は……と、さらに考えてもいいんです。でも、時間も限られていますし、そろそろ具体的な行動が見えてきたので、これをやってみましょう。

翌朝、早く起きてジョギングをするためには、前日の用事、仕事をスムーズに片付けて、夕食を早めに終わらせられるようにする。

とは言っても、これを「やりましょう」と言うだけだと、やる気が起きないかもしれない。

山﨑　そうですね。仕事が終わって帰宅して、すぐ夕ご飯の支度にとりかかれなくて、ついダラダラしちゃったり。ありそうですね。

平本　そうなんです。「よし、ちゃっちゃとやっちゃおう！」と思えるようにしないといけない。

そこで、早起きしてジョギングができたとき、一番気持ちいい瞬間を想像するんです。

【シーン④】

走りながら、あの気持ちいい風を感じている瞬間を想像する。

山﨑　「うわー、明日もあの気持ちいい風を感じられるんだ」と思ったら、動けますよね。

平本　そう。じゃあ、どのタイミングで想像したら一番効果的か。これも本人が一番わかってる。ヒガシさんに聞いたら、ランチタイムがいいということでした。**【シーン⑤】**ランチタイムに「明日もあの気持ちいい風を感じられるわ」って思ったら、きっと午後の仕事がはかどるでしょうね。定時になったらさっさと帰るし。

山﨑　ヒガシさんも言ってましたよね。「家に帰ってからダラダラしない」って。洗濯機回しながらテキパキご飯作れたりするでしょう。ちゃきちゃきと予定をこなせそうです。で、お風呂に入って早く寝られると。なるほど。

●平本式の基本　過去＋－《プラスマイナス》、未来＋－《プラスマイナス》「自分軸」を引き出す

平本　こんなふうに、プラスマイナスで影響を与えている要素を見つけていくのが現場検証なんです。

山崎　で、うまくいったときに味わう喜びをどこで感じたらいいか、具体的な行動まで引き出すと。

平本　はい。

彼女の場合は、未来＋がモチベーションになってるのがわかると思います。というか、とりあえずそれでやってみて、うまくいったからそれでいい。

山崎　「未来＋で引き出せそうだな」という仮説が、そのまま通ったわけですね。

平本　人によっては、未来＋ではうまくいかないこともあります。そういう場合は、たとえば未来－を使う。ジョギングしなかったら、ブクブク太ってしまって、夏にみんなで海に行って、水着になったときの恥ずかしさ。これをありありとイメージすると、「うわー、絶対イヤ！」となってがんばれる人もいます。

山崎　－の未来があまりにもイヤだから＋を選べるってことですね。

平本　もちろん、過去の失敗、つまり過去－を思い出して、悔しくてやりたくなる人もいるし。過去の成功体験、過去＋で走れる人もいる。

そのほかに、モデル＋－というのもありますよ。「あの人みたいになりたい」あるいは「あの人みたいにはなりたくない」から動きたくなる。あこがれのモデルさんが毎日ジョギングしてると知ったら、走りたくなるでしょう。ここらへんが全部、モチベーションの源になるわけです。

山崎　いずれにしても、モチベーションの源は自分の中にあるということですよね。

平本　そうなんです。自分軸を見つけるといってもいいでしょうね。自分軸を引き出すことが、平本式の基本なんです。

山崎　人から「こうしろ」と言われたことじゃなくて、自分軸を見つけるから動ける、とがんばれるんですね。それが、平本さんの「引き出す技術」の中ですごく大事なポイントなんですね。

コラム②　山﨑流・臨場感の高め方

山﨑　平本式では、臨場感を持ってありありとイメージする、ということが繰り返し強調されますよね。

これ、僕も知らず知らずのうちにやってたな、という経験がありまして。

平本　ほうほう、それはどんなときに？

山﨑　僕は毎年、バリ島に150人から200人くらいを連れて行くツアーをやっているんです。みんなに楽しんでもらいたいから、現地の人とやりとりして、パーティー会場の設定とかをする。会場の写真なんかを見ながら。でもね、やっぱり現地に行ってみないと、何ができるかってわからないんです。空気感なんて写真では伝わらないしね。

平本　そうでしょうねえ。

山﨑　で、どうするか。バリに前乗りして、パーティー会場に行くんです。

それで、何をやるかというと、たとえば夕陽《ゆうひ》が見える時間を確かめる。一番夕陽がきれいな時間がいつかを確認して、その時間にバスが到着するように設定する。

それから、会場の入り口から、お客さんの1人になったつもりで入ってみる。僕としては、入ったところで「うわー！」と驚いてもらいたいんですよ。でも、お客さんになったつもりで入ってみると、「あれ、入り口の右側、ここなんかさみしいな」とか思うわけ。そうしたら「ここに髪の毛を編むサービスをしてくれる人を連れてきてください」と頼む。

窓から海が見えて、「うわー、きれいだな」と思う。ここに馬がいたら最高に絵になるな……と思ったら、「ここに馬を2頭連れてきて、誰でも乗れるようにしてください」とリクエストする。

そんな感じで、お客さんの目で会場を動き回りながら、「あ、降りてきた」というアイデアを旅行会社の人とすりあわせながら詰めていくんです。

平本　おもしろいですね。みんなに体験してもらいたい感情をイメージして、そのために何が足りないかを考えていく。

山﨑　そう、体験してもらいたいことと、現状のギャップを埋めていくんですね。

平本　まさに臨場感ですよね。今、この会場に着いたゲストになったかのように、見える、聞こえる、感じることをシミュレーションしている。

ポイントは、自分目線じゃなくて相手目線であるということ。山崎さんは、バリ島に来て、バスを降りた参加者の目線に入っているんです。

たぶん山崎さん自身の目線で「こんなのがあったらバリらしいな」って考えたら、もっと簡単だと思うんですよ。

山﨑　そうなんです。でも、それだと来てくれた人の感情は動かない。

平本　それがコーチングでも大事なところなんです。相手の感情が動かなかったらうまくいかないですから。自分の目線でいくらアドバイスしても、相手の腹に落ちなかったら意味がない。

山﨑　だから、相手の目線に入って、頭だけじゃなく、身体を使って腹落ちさせていくわけですね。

平本　それが一番早いし、スパッと解決します。

第3章

モチベーションと行動を引き出す

◎セッション3（実演）目標達成を加速したいニシさんの物語

クライアント：ニシさん。男性。

――起業して、ビジネスを成功させようとがんばっているのだが、思ったようなスピードで成長できていない。もっとスピードアップしたいと思っている。

【シーン①】

平本　じゃあ、はじめましょう。

ニシさん、現在がここ（ニシさんが立っている場所を指差す）だとして、あなたが「こうなりたい」と思っている未来はどのへんだと思う？　なんとなくでいいから指差してみて。

ニシ　えーと、あのあたりです。（数メートル先を指差す）

平本　じゃあ、そこに椅子《いす》を置いて。（アシスタントが椅子を置く）

じゃあ、そこまで歩いてみましょう。

ニシ　（未来１の椅子まで歩いていく）

平本　さあ、本当にそこでしっくりくるか、もうちょっと前か、もうちょっと後ろか。好きなように動かしてみて。ミリ単位で動かしてもいいし、大きく動かしてもいいですよ。

ニシ　（椅子の位置を微調整する）このへんです。

【シーン②】

平本　ＯＫ。では、そこ（未来１）で、目標が実

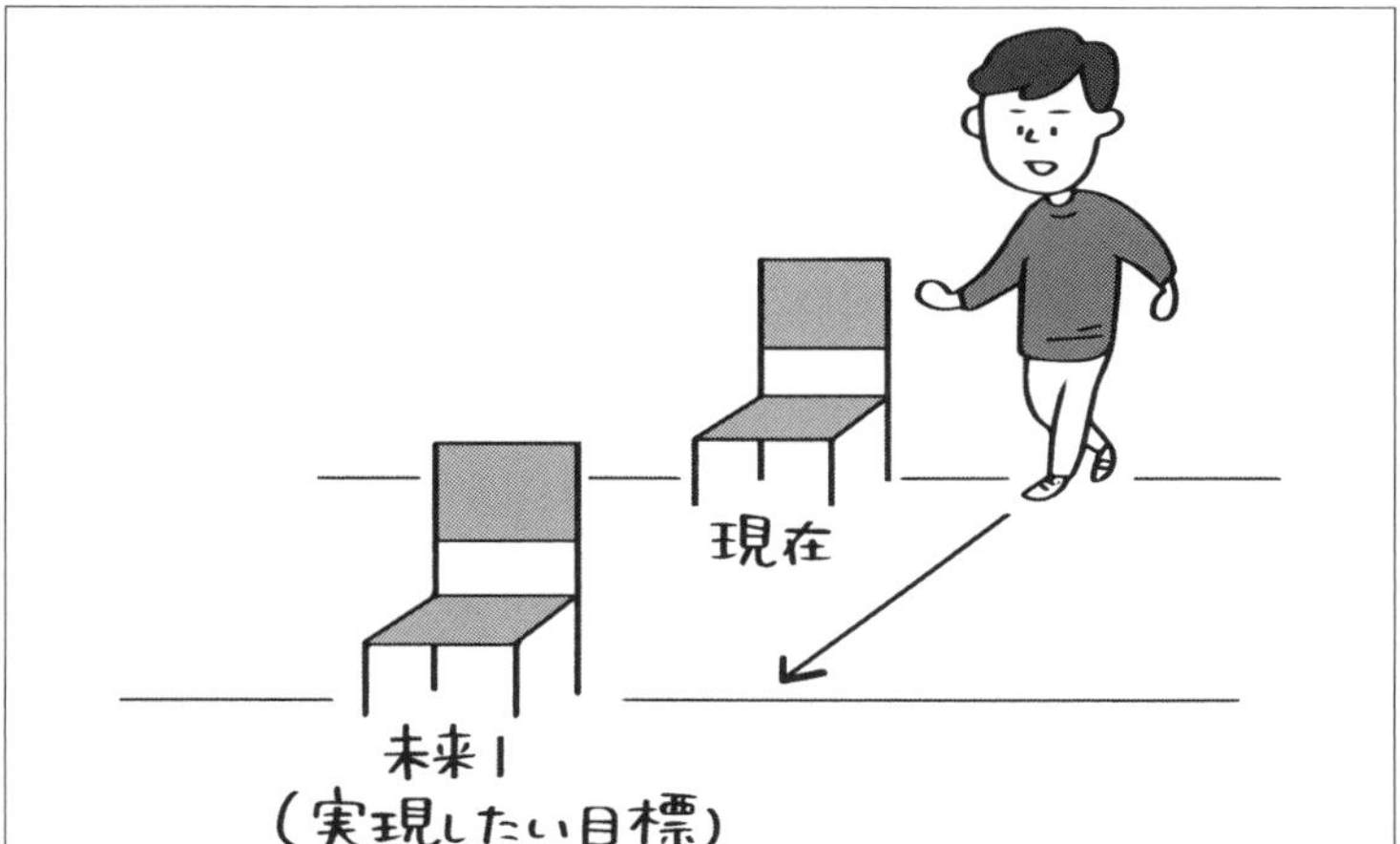

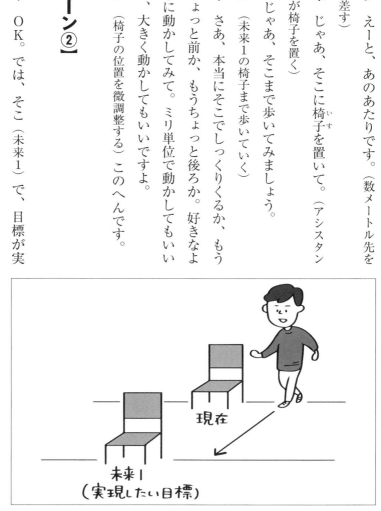

現した場面をありありと思い浮かべてみてください。ありありと想像して。

ニシ はい。（目をつぶって、想像する）

平本 その中で一番、「あー、達成してうれしいなー」という場面を想像して。

ニシ はい。（想像する）

平本 じゃあ、思い浮かべたら、手足を動かしながら、その「うれしい」という感情が倍くらいになるようにして。

ニシ え？ えーと……。（戸惑う）

平本 ガッツポーズでも、なんでもいいよ。

ニシ （手を突き上げて）こんな感じです。

平本 （手を突き上げて）こんな感じね。じゃあ、その場面で、周りにどんな人がいるか想像してみて。

ニシ　はい。（想像する）

平本　みんな、どんな顔してる？

ニシ　……にこにこしてます。

平本　みんなにこにこしてる。服装はどんな服装？

ニシ　バシッと決めてます。

平本　バシッと決めてる。じゃあ、どんな言葉が聞こえてきそう？

ニシ　「ありがとう」という言葉が聞こえてきます。

平本　じゃあ、どんな口調で聞こえてきそう？「ありがとう」が。

ニシ　……うれし泣きしながら、「ありがとう！」って感じですかね。

平本　じゃあ、うれし泣きで「ありがとう」と言われたら、こっちはどんなふうに返すかな？　冷静に返すのか、「よかったな！」って大声で返すか、一緒に泣くか。

ニシ　……ラグビーのスクラム状態、みたいな感じですかね。

平本　じゃあ、ちょっとスクラムやってみよう。

ニシ　（みんなと肩を組んで、スクラム状態のしぐさをする）

平本　（スクラムのしぐさをしながら）冷静な感じ？　ちょっと興奮した感じ？

ニシ　興奮してます。

平本　じゃあ、ちょっと興奮してみて。（激しい息遣いで身体を揺らす）

ニシ　（激しい息遣いで身体を揺らす）

平本　どんな声が聞こえてきそう？

ニシ　「うぉー」みたいな感じ。

平本　じゃあ「うぉー」って声出してみて。「うぉーーーー！」

ニシ　うぉーーーー。

平本　うぉーーーー‼

ニシ　うぉーーーー！

平本　さあ、さっき、目標が叶ったときが100％だとしたら、今は何％くらい？

ニシ　……ほぼ100％です。

平本　じゃあ、それを110％まで上げます。そこに何か、感情の動き、出てくる言葉、何かあるかな。「よくやった」でもいいし。

ニシ　うーん。一緒にいる人に、「次は君ね」みたいな感じですかね。

平本　なるほど。じゃあ、その人を指差しながら、「次は君ね！」って。

ニシ　次は君ね。

平本　そしたら、その相手はどういう表情を？

ニシ　なんか、うれしそうです。

平本　うれしそうな表情で、何て返してくる？

ニシ　「やります」みたいな感じですかね。

平本　じゃあ、今は何％くらい？

ニシ　１００％くらい。あまり変わらないです。

平本　じゃあ、どうしたら１０５％まで行ける？

ニシ　うーん……具体的にどうするかを、相手とやりとりする。

平本　うん。彼との間で具体的にどういうことをやりとりするか想像して。「こんなことやりたいです」「じゃあこれやってみたら？」とか。

ニシ　（想像する）……パーセンテージ上がりました。

平本　何％くらい？

ニシ　１１０％くらいですかね。

平本　いいですね。じゃあ、もう1回、さっきのところに戻りましょうか。（現在に戻る）

【シーン③】

平本　この現在から、未来に行こうとして、どういうアクションをして行ったらいいか。イメージできるよね。

ニシ　はい。

平本　そのアクションをしながら進んでいくとして、まず、理想としてはどういうペースで達成したいか。自分の好きなペースでいいから、未来まで行ってみて。

ニシ　（小走りで未来1まで行く）

平本　（一緒に小走りでついて行く）こういうペースね。わかった。じゃ、もう1回戻ろう。（現在に戻る）理想は今のペースだけど、現実はどのくらいのペースになっちゃってると思う？　思ったよりもスピードが出ない、そのペースを表してみて。

ニシ　（未来1まで歩いていく）

平本　（いっしょに歩いてついて行って）さあ、これで行けそうな気がするか、それとも何かに途中で止められそうな気がする？

ニシ　そうですね。届くには届くんですけど、「もっと早く行きたいな」というペースには、歩くんだと間に合わないなと感じます。

平本　なるほど。じゃあ戻ろう。（現在に戻る）じゃあ、もう１回、現実のペースで行こう。

ニシ　（歩き出す）

平本　（一緒に歩きながら）すんなり行けそう？　それとも止められそうな気がする？

ニシ　すんなり行けるとは思います。

平本　なるほど、すんなりは行けることは行けるのね。

【シーン④】

平本　ちょっと試してみよう。椅子を向こうに持っていって。（アシスタントが未来1の椅子をもっと先【未来2】に持っていく）（現在に戻って）目標を、あそこ（未来2）だとしてみて。さあ、どんなペースで行きたい？　まずは何の制約もなく考えたら。

ニシ　（未来2まで走っていく）

平本　（一緒に走っていく）

さあ、さっきと今ので何かやり方を変えたりした？

ニシ　うーん……。変わらないですね。

平本　同じやり方ね。なるほど。

【シーン⑤】

平本　（現在に戻って）じゃ、椅子を近くに置いて。（アシスタントが椅子を最初の目標より近く【未来3】に置く）
じゃあ、この近さだとしたら、もう1回考えて。どんなペースで行きたい？

ニシ　（未来3まで走っていく）

平本　（一緒に走っていく）
さあ、今、3つの距離を歩いてみたけど、何か違いはある？
ちょっとフカンして見てみようか。こっちから。（横から今走ったコースを見る）
何か、自分で違いを感じますか？

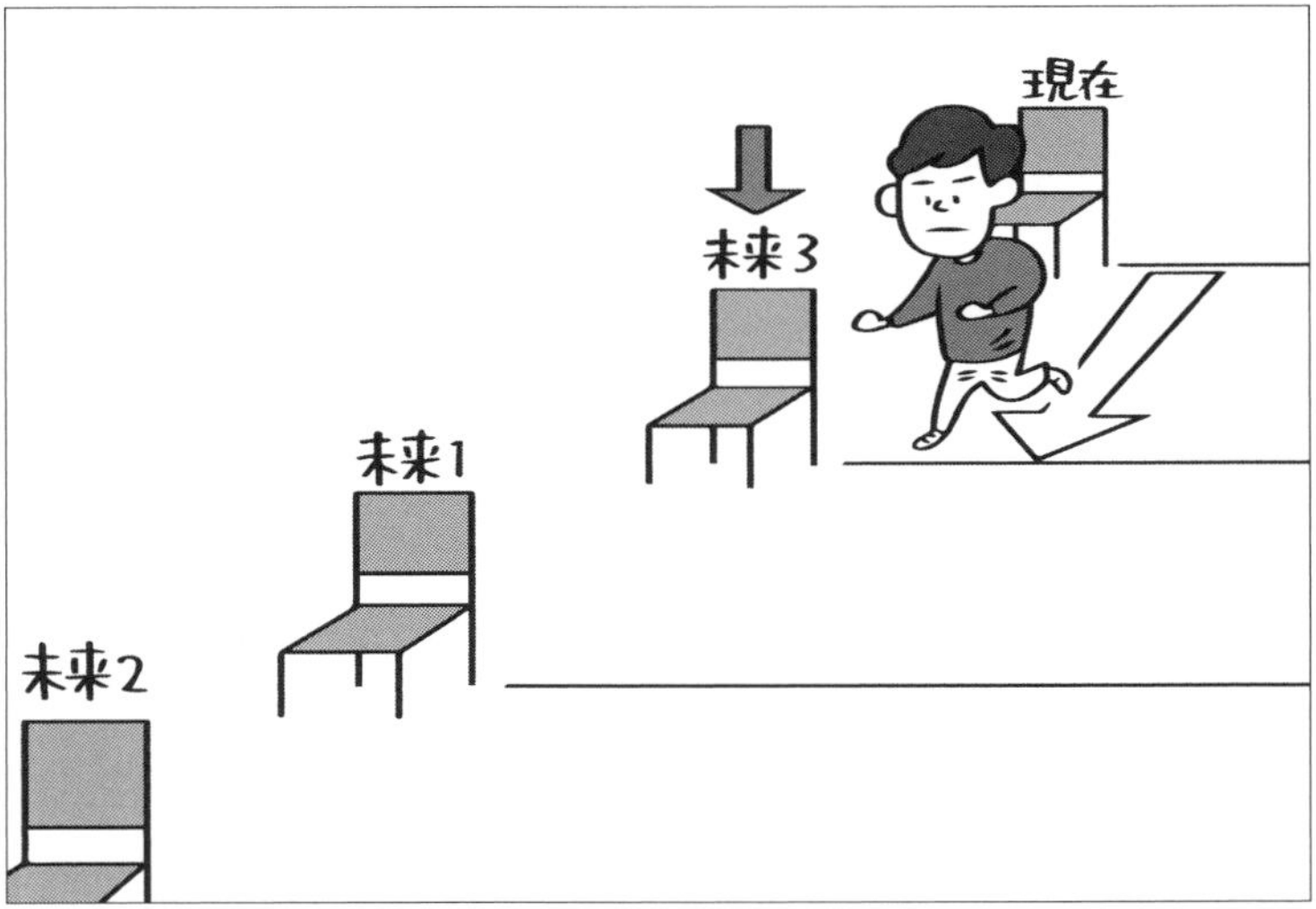

ニシ　椅子が手前のほうが、近く感じます。

平本　うん、なるほどね。

【シーン⑥】

平本　じゃあ、もともと、ゴールはここにあったよね。（未来1に椅子を戻す）

ここに来る間の段階で、何を達成していたらここに来られるか、想像できる？

ニシ　？　もう一度お願いします。

平本　ここが目標だよね。ここに来る前に、この中間地点で何をするか想像できる？　途中経過はどうなっているか？　という。

ニシ　うーん……同じこと、という感じがします。

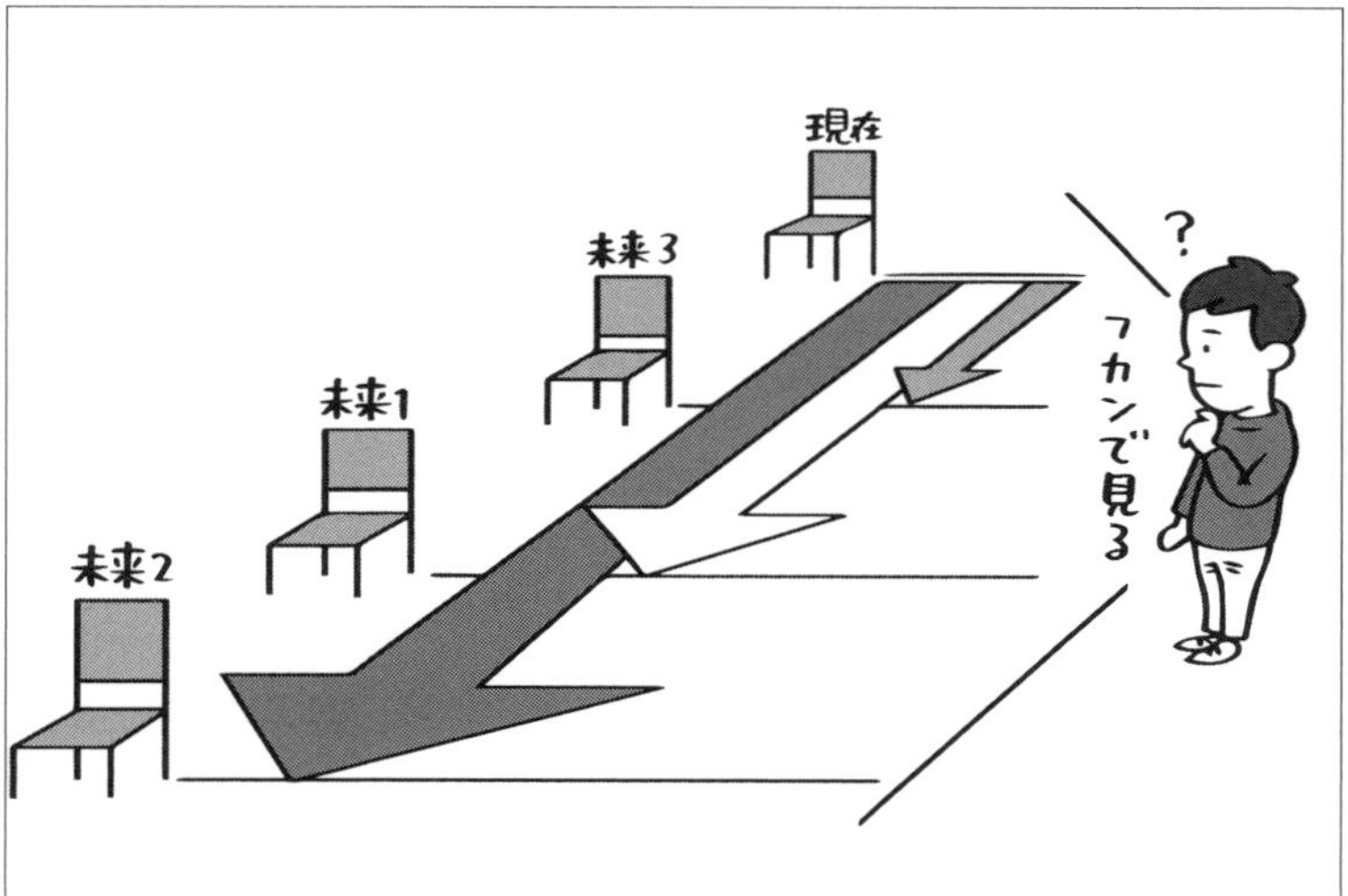

平本　なるほど、同じことを繰り返していくと、たどりつける。

ニシ　そうですね。

平本　この中間点で、どういう状態かの想像はついてる？

ニシ　盛り上がってる感じはします。

平本　なるほど。

【シーン⑦】

平本　じゃ、もう1回戻ろう。（現在に戻る）もう一度、理想のペースと、現実のペースで行ってみよう。まず理想のペース。

ニシ　（走る）

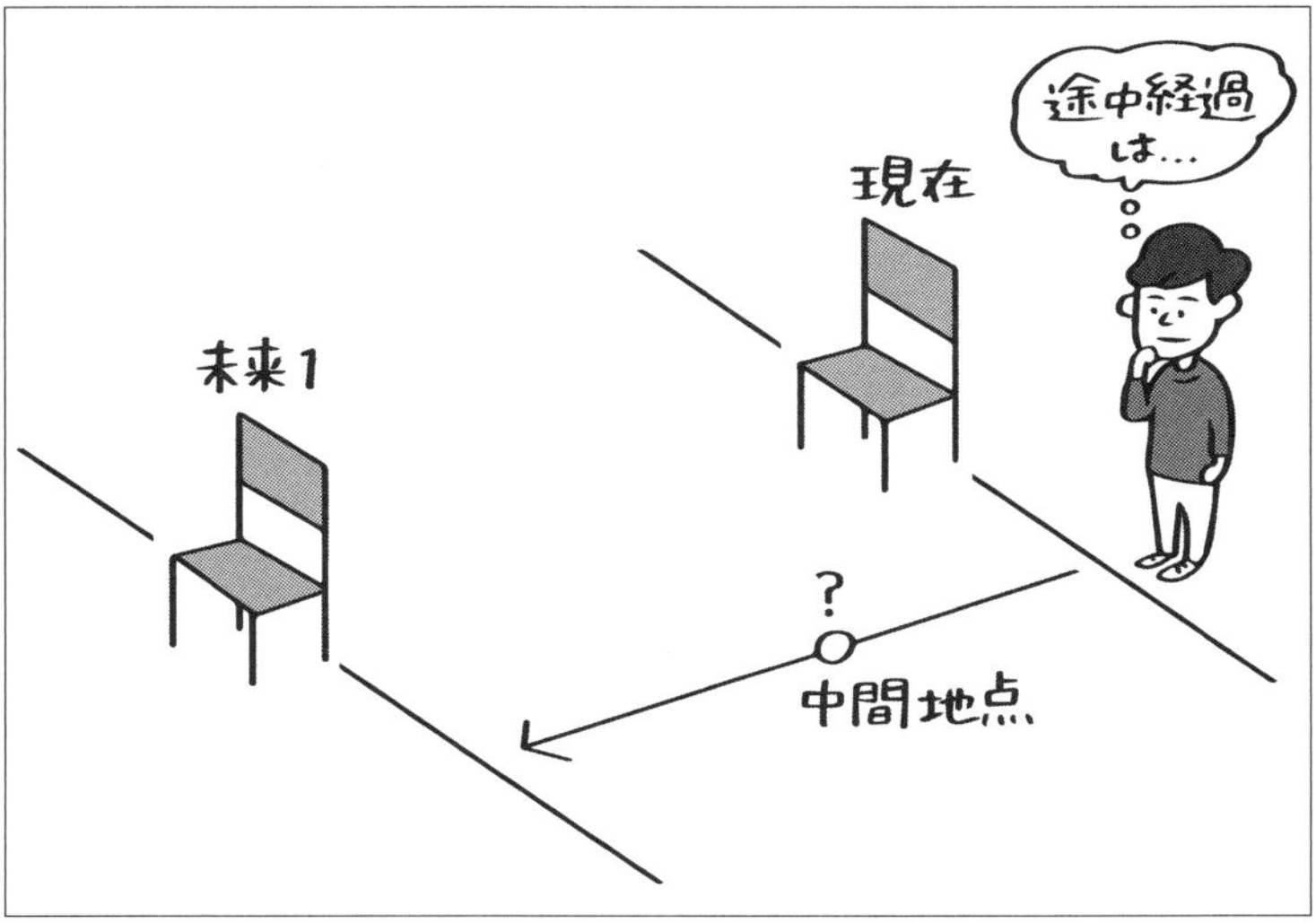

平本　（走る）じゃあ、現状でやってみて。（コースを変える）

ニシ　（歩く）

平本　（歩く）さあ、またフカンで見てみよう。こっちと向こう（2つのコース）で、こっちの人とあっちの人、何が違うと思う？

ニシ　うーん……そこがわからない感じですかね。

平本　うんうん。

ニシ　やってることは同じはずなんですけど……イメージでは走ってるはずなんですけど、なぜか現状はスピードが遅い……って感じですかね。

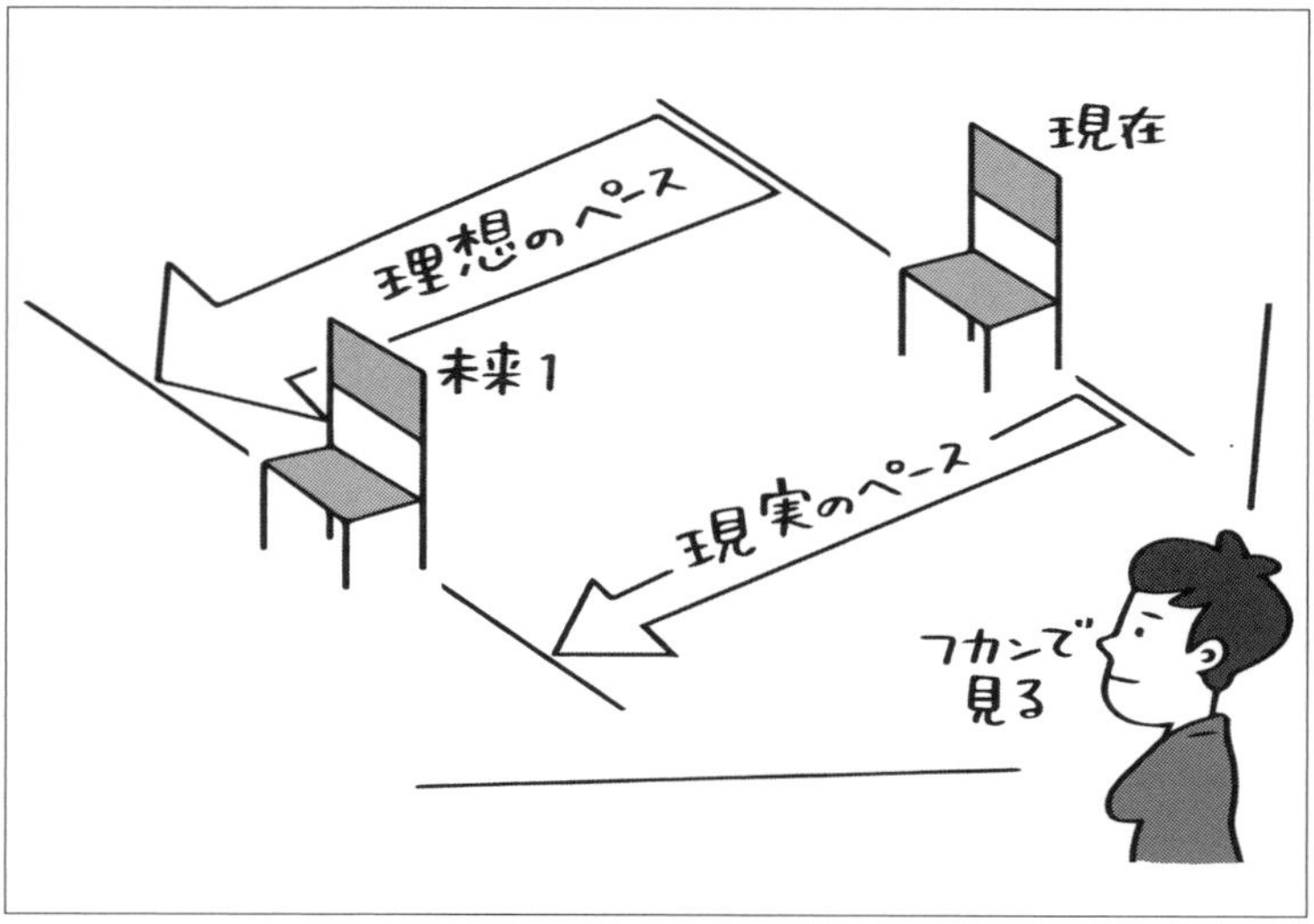

平本　なるほどね。

【シーン⑧】

平本　じゃあ、理想よりも倍速く、これから走ってもらっていい？

ニシ　え？　はい。

平本　思っているよりもさらに倍のスピードで走ってもらうよ。相当ダッシュだからね。

ニシ　はい。

平本　じゃあ行くよ。

ニシ　（未来1までダッシュ）

平本　（一緒にダッシュ）

（戻りながら）もう1回行くよ。ちょっと2、3回やってみよう。

ニシ　（未来1へのダッシュをもう2回、繰り返す）

平本　OK。じゃあ、現在に戻って。今の、理想の倍のペースで行くとしたら、何をどうやればいいか。毎日どんな行動をすればいいいか、たとえば人との連絡をどのくらいのペースでとればいいか。そういうことをリアルに想像してみて。

ニシ　はい。（目を閉じて、想像する）

平本　OK？　じゃ、そのペースで走ってみて。

ニシ　（ダッシュ）

平本　じゃあ、そのぐらいやるとしたら、現実にどのくらいのペースで行きそう？

ニシ　（走る）

平本　おー。想像していた倍のペースで行動すると考えると、現実のスピードは最初に理想としていたくらいになるね。

ニシ　あ……たしかに、そうですね。

平本　じゃあ、そうなるために、今やってることのうちの何を変えたの？　何かを速くしたんだよね？

ニシ　あー、はい。単純に、回数ですね。

平本　回数ね。特に何の回数を変えた？　それを何倍にしたのか？　具体的に自分の中にあるよね。

ニシ　今よりも、たくさんの人と会う、という感じですかね。

平本　うんうん。今までの何倍とか、何人とか、数字で言える？

ニシ　２倍って感じです。

平本　それは、１人あたりの時間は同じで、倍の人に会うの？　ちょっと短くして、倍の人数に会ったの？

ニシ　短くして倍、です。

平本　たとえば半分にして倍なのか、３分の２にして倍なのか。

ニシ　１人あたりの時間を４分の３にして、人数は倍って感じですかね。

平本　おー、なるほどね。

【シーン⑨】

平本 じゃあ現在に戻って。（現在の1歩前に椅子を置いて）1人に会って、何か話をするわけだよね。現在のペースで行くと？

ニシ （1歩踏み出す）

平本 これが1人分だよね。じゃ、4分の3の時間で1人に話すとしたら、何かを削るわけだよね。もしくは何かを速くする、何かをやらない、省略するとか。具体的にイメージしてみて。

ニシ （想像する）

平本 そのやり方で、1人に会ってみて。

ニシ （1歩踏み出す）

平本 さあ、今度は半分にしてみよう。（椅子を現在から半歩まで近づけて）思い切って、1人に会ったときの時間を、自分の想定時間の半分にする。とにかく時間コストを半分カット。想像して。

ニシ　はい。（想像する）

平本　それで行くと？

ニシ　（半歩踏み出す）

平本　どう？　これで行けそう？

ニシ　うーん……。（考える）

平本　やっぱり4分の3は必要だったら、4分の3でもいいし。

ニシ　うーん……。（考え込む）

平本　じゃあ、もう1回やってみようか。さあ、想像して。

人に会う前に、事前にメールで情報を送っておくとか、話をコンパクトにまとめるとか、一度に2人に会うとか、集団でミーティングするとか……何でもいい。なんらかの形で時間のコストカットをして、1人あたりの会う時間を半分にした状態。想像してみて。

ニシ　はい。（想像する）

平本　じゃ、行ってみて。

ニシ　（半歩踏み出す）

平本　どう？
ニシ　うーん……半分でも行けそうな気がしましたね。
平本　じゃあ、1人あたりの時間を半分にできたら、会う人数は2倍でいい？　それとも3倍にする？　せっかく半分にできたんだから。
ニシ　まあ、早くはなりますよね。半分にしたら。
平本　じゃあためしに、1人に会う時間は半分。何をカットして、短くするかはもうわかったよね。ほんとうは聞いたほうがいいんだけど、省略しましょう。そして、会えるだけのペースで、たくさんの人に会ってみよう。2倍でも3倍でも会える。そのペースにしたら、どのくらい行けるか。行ってみよう。
ニシ　（未来1まで走る）
平本　（一緒に走る）
どう？　（戻りながら）もう1回行こう。
ニシ　（未来1まで走る）
平本　（一緒に走る）
どうだろう？

ニシ　3倍ぐらい会える気がします。

平本　おお、3倍。なるほどね。
そうしたら……想像して。1人の人と会う時間を現状の半分にして、3倍の人数に会うことになるね。ありありと想像して。

ニシ　はい。（想像する）

平本　いつもの半分の時間、3倍の人に会う。ゴールはあそこ。
じゃ、それでやってみよう。

ニシ　（未来1まで走る）

平本　（一緒に走る）
かなり速いね！

ニシ　そうですね（笑）。なんか、自然とそんな感じになっちゃいました。

平本　どうだろう、理想のペースで行けそう？

ニシ　いや、それよりも早く行けちゃいますね。

平本　おー、すばらしい。
……と、こんな感じなんですが、どうでした？

ニシ　なんだろう……最後は勝手に走り出してたんで。なんかもう、やりたくなってますね。

平本　もう自分の中で何をするべきか、どの項目を削るかとか、わかったよね？

ニシ　はい。

平本　ちなみに、言える範囲でいいんだけど、どこを削る？

ニシ　自分がやるべきことじゃないことをまだやっていると思うので。それを整理してやるべきことだけをやっていこうかなと。

平本　なるほど。ありがとうございました！（拍手）

解説

◎セッション3

●引き出すために、傍観者ではなく、当事者になる

山﨑　平本さん、一緒になってめっちゃ走ってましたね。

平本　それは大事なことなんですよ。何度も言うように、身体を使って感情を動かすんですが、クライアントが身体を動かしたり、声を出したりしてるのを、私がこう、「分析モード」みたいな感じでじっと観察してたら、どう思います？

山﨑　やりにくいですね。

平本　やりにくいんですよ。だから、クライアントよりも一生懸命なくらい、こっちも動く。

山﨑　「うおーーー‼」って吠《ほ》えてましたしね。

平本　そう、クライアントの2倍、声も出す。
　私はアスリートのクライアントも多いんですが、あるJリーガーのコーチングをしたときは90分間、走り続けましたからね。グラウンドじゃなくて部屋の中でですけど（笑）。

山﨑　そこまでするから、いろいろ見えてくるんだ。

平本　そうなんです。引き出すためには、傍観者体験じゃなくて、当事者体験をすること。
　答えはクライアントの中にある。ということは、クライアントが見ているのと同じ世界を見ないと、何もわからない。

だから、私はクライアントと向き合ってるんじゃなくて、横に並んでいるというイメージ。目線の向きが一緒なんです。同じ目線で、クライアントの中に起こっていることを探っている。「あなたはどんな世界を見ているの？」ということ。

●目標までのプロセスを体感する

山崎 今回も、椅子を使っていましたね。クライアントに、実現したい未来、ゴールの位置を決めてもらって。**【シーン①】**

平本 そうなんです。目標、ゴールは頭でも考えることはできます。一方で、人間の身体には身体知で、現在地と目標との距離が読み込まれているんです。

山崎 「目標はどのあたりか、椅子を置いてみて」「椅子を動かして調整して」というと、その距離が出てくる、見える化できるというわけですね。

そして、見える化した上で、その距離を何度も走ってみたり、歩いてみたり。

おもしろいのが、平本さんは、クライアントの目標がなんなのかについて、詳しく聞いたりしないんですよね。今回も、ニシさんがどういうビジネスで、どういうことを達成したいのかはわからない。

平本　聞かなくても引き出せるんですよ。もちろん、クライアントが詳しく話してくれるなら聞きますし、詳しい情報があればそれを役立てることもできます。けれども、それは不可欠ではない。

山﨑　夢について話すのはまだ恥ずかしい、という人もいるだろうし、プライバシーに関わることとかは話しにくいこともありますよね。

平本　それでも大丈夫っていうことですね。だって、話さなくても本人には見えてますから、それでいいんです。

山﨑　ニシさんには、ゴールの椅子のところにある未来が見えてるわけですからね。ニシさんの悩みとしては、その目標に向かって、今は歩いている感じなんですね。でも、本当は走って行きたい。でも、スピードを上げるために何をやったらいいかわからない。歩く場合と走る場合の違いがわからない。

結果から先に言ってしまうと、平本さんは理想よりも速いスピードを出すにはどうしたらいいかを体感させることで、自分が理想としているスピードを遅く感じさせたんですよね、多分。

平本　そういうこと。

山﨑　でも、最初にやろうとしたことは違いますよね。最初に走った場合と歩いた場合を比べたところで、違いが出るんじゃないかと仮説を立てた。**【シーン②】**

平本　そうなんです。理想のスピードと現実のスピードを比べる。現実のスピードに何かを加えるか、何かを手放せば理想のスピードになります、とやりたかった。ところが、ここでもニシさんは違いを感じることができなかった。

山﨑　そうなんですよね。現実のスピードでも、理想のスピードでも、すんなり行くことは変わりない、と感じている。

●主観と臨場感で「画素数」を増やす

平本　大事なことは、主観と臨場感なんですよね。

山﨑　臨場感は何度も聞いていますけど、ここで「主観」という言葉も出てきましたね。

平本　まず臨場感については、これまでにも何度も説明してますよね。今回は、ゴール（未来1）のところで、実現したい未来をありありとイメージして、臨場感をしっかり出してもらいました。

山﨑　「うおーーー‼」って吠えてたところね。ここで大脳辺縁系が発火しないとダメですよね。

平本　そうなんです。イメージとして、「ま、そうっすね……これくらいできたらいいですよね」「え、本当に達成したいの？」って感じだと、大脳新皮質レベル。頭で考えてるレベルね。

【シーン③】

ゴールをありありと思い描いて、「やったーー‼」「うれしいーー‼」っていうところまで行きましょう。

山﨑　爬虫類脳で、鼻血が出るくらいに、ですね。

平本　もう1つ、大事なのが主観。

どういうことかと言うと、たとえば成果が上がらない人がいる。そういう場合、「こうしたほうがいいよ」とアドバイスする人が多い。そのアドバイスがヒットすればいいんです。でも、どんなにできる人、尊敬できる人のアドバイスでも、首をかしげちゃうこともあるでしょ。

山﨑　ええ、たとえイチローのアドバイスでも、それが自分にヒットしなかったらねえ。

平本　「山﨑君、こういうふうにやったらいいんじゃない？」

山﨑　「あー、おっしゃる通りなんですけど、ちょっとそれ、僕には無理っすね」……みたいな。あと、「それはもうやってるつもりなんですけど」っていうのもありがち。

平本　そう、山﨑さんを客観的に見たら、そういうアドバイスになっちゃうんです。はたから見た意見じゃなくて、クライアントの目線、クライアント自身の主観に入ってあげないとわからない。これは一人ひとり違うんです。

山﨑　つまり、「平本くんはどういう世界を見てるのかな？……なるほど、こういう世界を見てるんだ。だったらこういう感じよね？」っていう。

平本　そうそうそう。これが相手から引き出すときのポイント。

それができるから、メジャーリーガーのコーチングもできるんですよ。私はピッチャーなんてやったことないです。でも、相手と同じ視線で、投球の調子がいいときと、悪いときとを身体と感情で感じる。そして、クライアント本人の目で深掘りしていくから、コーチングできる。

同じ目線に立つと、本人が頭ではまだ気づいていない領域に入れるんです。そうすることで、本人も知らなかったことを引き出せる。

山﨑　ということは、平本さんの「引き出す技術」だと、自分よりパフォーマンスの高い人もコーチングできるということですよね。自分より優秀な部下をコーチングできるようになったら、良いリーダーになれますよ。そのためにも、相手と同じ目線じゃないといけない。これは大事なことですね。

これは前から思っていたんですが、未来をイメージしようとか、過去の成功体験をイメージしようとかは誰でも言いますよね。でも、平本さんの関わり方だと、イメージの画素数がぜんぜん違うんです。

平本　画素数。うまいこと言うねえ。

山﨑　すごくイメージが鮮明なんですよ。それは、臨場感を高めていることと、相手の主観で、同じ目線で当事者になって体験するから、なんでしょうね。

●仮説→検証を繰り返す

山﨑　セッションに話を戻すと、ニシさんの主観で見たら、理想のスピードで行く場合と、現実のスピードで行く場合、違いが見えてないわけですよね。
ここで「いや、見えるやろ。ちゃんと見ろ！」と言ってしまってはダメなわけですね（笑）。

平本 そうそう（笑）。

ニシさんの見えている世界では、そこに違いが見えない。だったら、この仮説は捨てて、次の仮説を試してみましょう、ということですね。

山﨑 その次に、ゴールを遠くにしてみたり **【シーン④】**、近くにしてみたり **【シーン⑤】** してましたよね。

平本 はい。残念ながら、あれも失敗でした。何の役にも立ちませんでしたね。でも、それでいい。全部仮説なんですよ。いろいろ仮説を立ててはシミュレーションしてみる。正解は私にはわからない。クライアントの中にあるわけだから。

山﨑 自分が正解を知っていると思ったら、アドバイスする人になっちゃいますもんね。

平本 そういうことなんです。最初から正解にたどり着けないのは当たり前。クライアント本人が見つけるまで、いろんな仮説を立てては試す。本人が気づいたら、表情が変わるからわかります。

ニシさんの場合、ゴールを遠くしても、近くにしても関係なかった。ゴールの前の中間地点をイメージしてみても【シーン⑥】、理想のスピードと現実のスピードをフカンで見てみても【シーン⑦】、特に何も見えてこない。私ははずしっぱなしだったんです。

山﨑　これ、大事なことですよね。平本さんでもはずしっぱなしということはある。

平本　ぜんぜんありますよ。いつも1発で「正解」が見つかるとしたら、それは正解じゃないね。自分の解釈をクライアントに押し付けているだけです。

山﨑　だから、すぐ正解を見つけようと焦ってはダメっていうことですよね。

それと、ニシさんの場合は「はずれ」だった仮説も、同じような悩みを他の人が持っている場合には正解かもしれない。だから、今回平本さんが試したこと、ゴールを近くしたり遠くしたり、理想のペースと現実のペースを横からフカンしてみたり、といったことは全部、ツールとして頭のどこかに入れておいたらいいですよね。

平本　そうです。正解は人によって違いますからね。何がハマるかはわからないんですよね。

山﨑　で、ニシさんなんですが、いろいろな仮説がハマらなかった。ところが、理想のスピードの倍のスピードで走ってみたら。【シーン⑧】

平本　あそこでやっとヒットしました。ニシさんの中で、理想の倍のスピードでゴールにたどり着くとしたら、その場合どんな動きをしてる？　というのが明確になった。つまり臨場感が出たんです。

山﨑　そうですね。具体的に、彼がビジネスの中で人に会う場面がある。そこで、プレゼンテーションをするのか、ディスカッションするのかわからないけど、どんな作業を省略して、話し方をどう変えて……ていうのを具体的にシミュレーションできるようになってましたね。【シーン⑨】

●椅子以外の見える化・物質化ツールも活用

山﨑　僕はこれまで平本さんのコーチングをたくさん体験してるので、平本さんが何をやるかある程度、予想したりするんです。今回については、途中までは「この手法を使うのかな？」と思ってたものがあったんです。

何かというと、理想のスピードと、現実のスピードを体感させる。走って、歩いて。で、フカンで見てその違いを比べる。遅いのは、何か重いものに引っ張られてるから遅いと気づく。「じゃあ、この重いのは何？」と考えていくと。それをやろうとしてるのかなって。

平本　その通り。それをやろうと思ってたんですよ。でも本人に聞いたら、遅い方もスムーズに行くことは行くって言うんです。

山﨑　はいはい、行くことは行くけど遅いんだと。

これ、たとえば僕が相談したとして、「行きたいんだけど、何かに引っ張られて行けないんです！」って言ったらどうするんですか？

平本　そうしたら、後ろから肩を押さえます。（山﨑さんの肩を押さえる）で、行こうとしてください。

山﨑　（前に進もうとする）い、行けない……。

平本　じゃあ、この引っ張ってるのは何？　仲間がノリが悪いとか、家族が反対するとか、何かが苦手とか……と、イメージしてもらう。

その上で、今度は山﨑さんと交代する。山﨑さんに引っ張ってる役をやってもらう。で、引っ張ってるほうは何を言ってるのか、自分の中から出してもらうと。つまり、自分の中のブロックを引き出すわけ。

「何か重いものを抱えていて、スピードが遅いんです」と感じているようなら、実際に重い紙袋を持ってもらうこともあります。それで「この紙袋は何？」とイメージしてもらう。

山﨑　なるほど。椅子だけでなくて、人の手とか、紙袋とかも「見える化」に使うと。

平本　そうです。「物質化」と言ってもいいですね。

でも、ニシさんの中にはそういうブロックはなかった。ただスピードの問題。ここで「いや、なんかブロックあるだろう、あるはずだ、言え！」って問い詰めてもしょうがない。あくまでも、クライアントが言ったままに見える化、物質化していくんです。

山﨑　それ、すごく重要ですよね。

相手が何か言ったことを、「あー、こういうことね」と自分で解釈してしまうのではなく、その人が言った通りに見える化していく。まさに「コーチングは現場検証」で、ここに遺体が倒れている、ここにナイフが落ちている、というのを、その通りチョークで地面に描いていく。その人が言った言動を、そのままここで再現して、検証していくことが大事と。

平本　だから、本当に人によって違うんです。引き出し方は無限大、ということになります。

山﨑　だとすると、こういう場合はこう、こういう場合はこう、と全部をマニュアル化して覚えようとするのは無理ですよね。平本さんが何をやってるのか、基本を押さえて、応用していくことが大事。逆に、基本をしっかり理解すれば、全部その応用で行ける、ということでもありますよね。

平本　おっしゃる通り。特に、臨場感とか、同じ目線とか、見える化といったことは基本中の基本ですから、しっかり理解してほしいところです。

コラム③

2人組で体感できる引き出すエクササイズ・その1

平本　最初のコラム（40ページ参照）では、1人で体感できる「引き出す技術」のエクササイズを紹介しました。

ここでは、2人組で体感できるものを紹介しましょう。1人は夢を叶えたい人の役、もう1人がサポートする人の役でやっていきます。

山﨑　夢を叶えたい人、つまりクライアントがいて、それをサポートする人、すなわちコーチがいる。これってもう、コーチングの形ですよね。

平本　そうです。引き出すための関わり方をシンプルな形で体感していく練習だと思ってください。

というわけで、夢を叶えたい人、サポートする人。まずは並んで立ちましょう。

山﨑　はい。同じ方向を見て、同じ目線に入る。コーチングの基本ですね。

平本　今、立っているところが現在。そこから、1歩前に進んだところが未来。夢が実現した場面と考えてください。

夢を叶えたい人、実際に1歩前に出てみましょう。ここが夢が実現した場面です。1回、戻ってみましょう。現在に戻りました。

サポートする人は、隣について、一緒に前後に動いてあげて。

夢を叶えたい人、また1歩前に出てみます。夢が実現した場面です。実現したときの感情をありありとイメージして。そのときの動きを、手足を動かして表現してみてください。

山﨑　ガッツポーズをしたり、ばんざいしたり、好きなように動かせばいいんですよね。

平本　そう、そのときの感情を強調するつもりで。

サポートする人は、よくわからないままでいいですから、同じように手足を動かしてあげましょう。鏡になったつもりで。

さあ、夢を叶えたい人は、そこでどんな光景が見えてきますか？　どんな声が聞こえてきますか？　ありありとイメージしてください。イメージできたら、それをサポートする人に話してあげてください。

山﨑　ここで、夢が実現した場面のイメージを共有するんですね。

平本　はい。サポートする人も、どんな場面なのかわかりました。

そうしたら、サポートする人は、夢を叶えたい人の倍の感情で、実現したことを喜んであげましょう。さっきの手足の動きも倍にして、思い切って喜んで。

夢を叶えたい人、サポートする人の動きを見たら、さらにその倍で喜びを表現します。サポートする人、さらに倍で返します。この繰り返し。

山﨑　お互い、倍々ゲームで喜びを体感していくんですね。

平本　そうです。会話するんじゃなく、「夢が叶った！」という喜びを倍、倍、で感じて、表現していくんです。

大体、３往復ぐらいしましょうか。そうしたら、１歩下がって、現在に戻ります。

これで前半戦は終了です。

山﨑　まだ続きがあるんですね。

平本　はい。次は、コラム４でサポートする人に「邪魔する役」をやってもらいますよ。

第4章

チームの潜在能力を引き出す

◎セッション4（実演）チームをまとめたいミナミさんの物語

クライアント：ミナミさん。女性。

——ダンスのチームのリーダー的な立場にいるが、メンバーのまとまりがなくて悩んでいる。

【シーン①】

平本　じゃあ、次のセッションに行きましょう。
ミナミさんは、チームをまとめたいと思っているんですよね。

ミナミ　はい。

平本　メンバーはだいたい何人くらい？

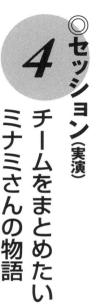

ミナミ　20人くらいです。

平本　その中で、典型的な３、４人だけ想像してもらっていいですか？　それぞれ向いている方向が違う人を。

ミナミ　はい。（しばらく想像する）

平本　そしたら、アルファベットでいいので、１人ずつ名前を教えてください。

ミナミ　えーと、まず、Ｅちゃん。

平本　Ｅちゃん。椅子に名前をつけましょう。（アシスタントが、椅子に名前の紙を貼っていく）

ミナミ　Ｔちゃん。Ｈちゃん。

平本　Ｔちゃん、Ｈちゃん。

ミナミ　Ａちゃん。

平本　Ａちゃん。以上ですか？

さあ、未来が向こうだとして、ミナミさんはどういう立場？　前に進んでいるのか、それとも後ろからみんなを見てるのか。他のメンバーはどうだろう。それぞれどっちを向いてるのか。前を向いてるのか、全然違う方向を向いているのか。誰と誰は近い、この人とこの人は離れてる。……というようなことを、自由に椅子を使って表してみてください。

ミナミ　はい。（椅子を動かしはじめる）

平本　こんなふうに、人間関係を椅子の位置で表すことで、今のチームの現状を見ることができます。

【シーン②】

平本　だいたいできたかな？

ミナミ　こんな感じです。

平本　じゃあ、どこでもいいから座ってみようか。

ミナミ　（Eちゃんの椅子に座る）

平本　Eちゃんですね。じゃあ、Eちゃん、どんな顔してる？

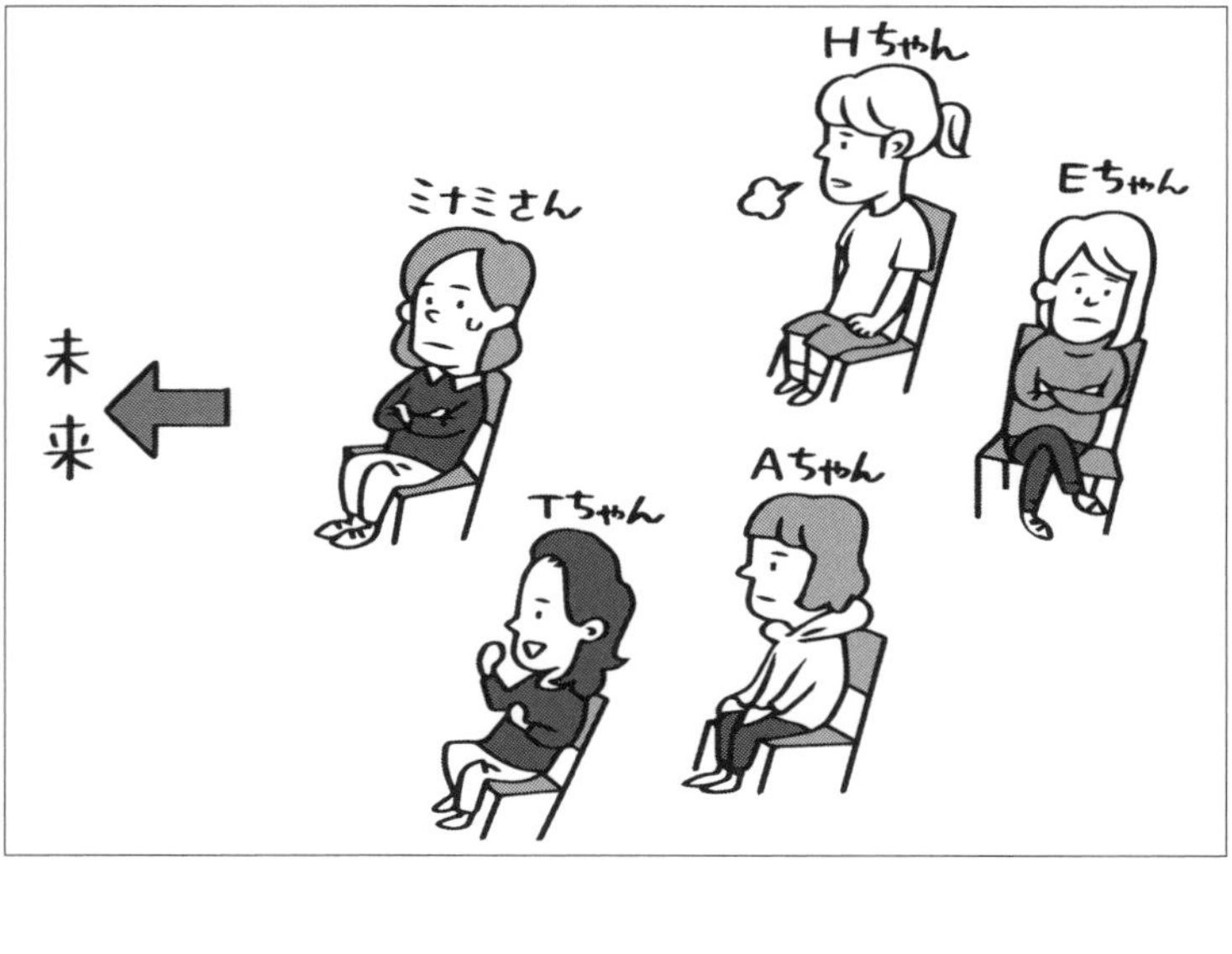

ミナミ　え？　Ｅちゃんは……。
平本　説明しなくていいから、実際にやってみてくれる？
ミナミ　うーん。（少し考えて、つまらなそうな顔でダラッと座る）
平本　もっと強調して。
ミナミ　（もっとつまらなそうな顔で、もっとダラッと座る）
平本　いいですね。表情を再現することで、心も再現できる。
　さあ、Ｅちゃんは、口にはしないけど腹の中で思っていることがあるよね。言ってみて。
ミナミ　うーん……。「何言ってるかわからへん」
平本　何言ってるかわからへん？　誰が？
ミナミ　「先生」
平本　先生が、言ってることがわからないんだね。ＯＫ、じゃあ次はＡちゃんのところに座ってみて。
ミナミ　（Ａちゃんの椅子に座る）
平本　今度はなるべく、Ａちゃんぽい姿勢をして。なるべく強調してね。

ミナミ　（うつむいて、悩んでいるような姿勢）
平本　Aちゃん、何言ってる？
ミナミ　「言ってることはわかるけど、何していいかわからん」
平本　なるほど。じゃあ次はHちゃん。なるべく強調して。
ミナミ　（Hちゃんの椅子に座る。腕組みをして、首をひねる）
平本　Hちゃんは何を言ってる？
ミナミ　「楽しそうだけど、ついて行かれへんな」
平本　OK、じゃあ次はTちゃん。
ミナミ　（Tちゃんの椅子に座る。まっすぐ前を向いて、拳を握る）
平本　おっ。Tちゃんは何て言ってる？
ミナミ　「ぜったいがんばろう」
平本　なるほど。
　じゃあ、ミナミさんの椅子に座って。
ミナミ　（ミナミさんの椅子に座る）
平本　正直に言うと、このメンバーの中にいて、ミナミさんはどんな表情になってしまう？　ここだけの話だから、正直に。
ちょっと後ろを振り向いて、このメンバーを見て、どう感じるか。やってみて。

ミナミ　うーん……（頭を抱える）。頭痛い……。

平本　頭痛いか。なるほど。
さて、これがチームの現状です。こんな感じで今、やっていると。

【シーン③】

平本　さあ、今度は、そうは言っても、Eちゃんのいいところってあるよね。みんなにとっていい点、役に立っているところ。それはどんなところ？

ミナミ　（ちょっと考えて）自分のできるところがあったら、協調して動かしていく。

平本　自分のできるところがあったら、みんなと協調して動かしていくことができるわけね。
じゃあ、Aちゃんのいいところは？

ミナミ　Aちゃんは……苦手なところを自分で気づいていて、そこをなんとかしようとしている。

平本　それは、みんなにとっていいところ？　もっと他に、「Aちゃん、ここがいいんだから伸ばしたらいいのに」っていうところない？

ミナミ　うーん……。

平本　そこなんですよ。苦手なところをなんとかしようとがんばっていても、苦手なままだったら、みんなからは「あんた役に立ってないやん」という声が出てくる。みんなが「それ、助かる」というところ。

ミナミ　（考えている）

平本　Aちゃんの、助かってるところはどこですか？

ミナミ　明るくて元気なところ。

平本　いいですね。じゃあ今度はHちゃん、行きましょう。

ミナミ　振り憶えは悪いけど、

平本　「振り憶えが悪い」と言うと、もうちょっと落としてるよね（笑）。

ミナミ　あっ（笑）。

平本　その先行こうか。悪いけど？

ミナミ　表現力があって、舞台で輝いてる。

平本　いいですね、表現力があって、舞台で輝いている。

じゃあ、Tちゃんのいいところは？

ミナミ　うーん……。（考える）

平本　これが出てこないとね、「なんであんたそこできないの！」みたいなことになってしまうのよね。

ミナミ　舞台でキラキラ輝いてるTちゃんが大好きです。

平本　特にどんなとき輝いてる？

ミナミ　ジャンプしてるとき。

平本　いいね。

【シーン④】

平本　そして、何よりも自分。どんなところがいいところ？

ミナミ　うーん……。（また考え込む）

平本　自分を認めてあげられないと、他の人も認められない。人のことを認められない人は、自分のことも認めてあげられない人。

ミナミ　うーん……。

平本　じゃあ、ちょっと自分の椅子に座ってみて。

ミナミ　（ミナミさんの椅子に座る）

平本　拳《こぶし》をぎゅっと握りしめて、歯をくいしばって。「私こんなことがんばってきた」。そのまま言って。

ミナミ　私、こんなことがんばってきた。

平本　どんなとこがんばってきた？　今まで。

ミナミ　今まで……勉強もがんばったし、ダンスもバレエも全部がんばってきた。週5でレッスン行って、泣きながら、怒られながらがんばってきた。

平本　うん。その中でここは誇りに思えるということは？

ミナミ　自分の表現力は自信がある。

平本　表現力。ＯＫ。じゃあ立ち上がって。

【シーン⑤】

平本　それぞれのいいところがあったよね。もっとEちゃんが協調できる場面を増やしてあげて、Aちゃんにもっと明るさを出させてあげて、Hちゃんが舞台で輝ける場面を増やしてあげて、Tちゃんにジャンプのチャンスをあげて……とやっていったら、どうなる？　なんの制約もなくていいから、理想の位置に椅子を動かしてみて。

ミナミ　（椅子を動かす）

はい、できました。

平本　じゃあ、Tちゃんの椅子に座ってみて。

Tちゃん、何て言ってる？

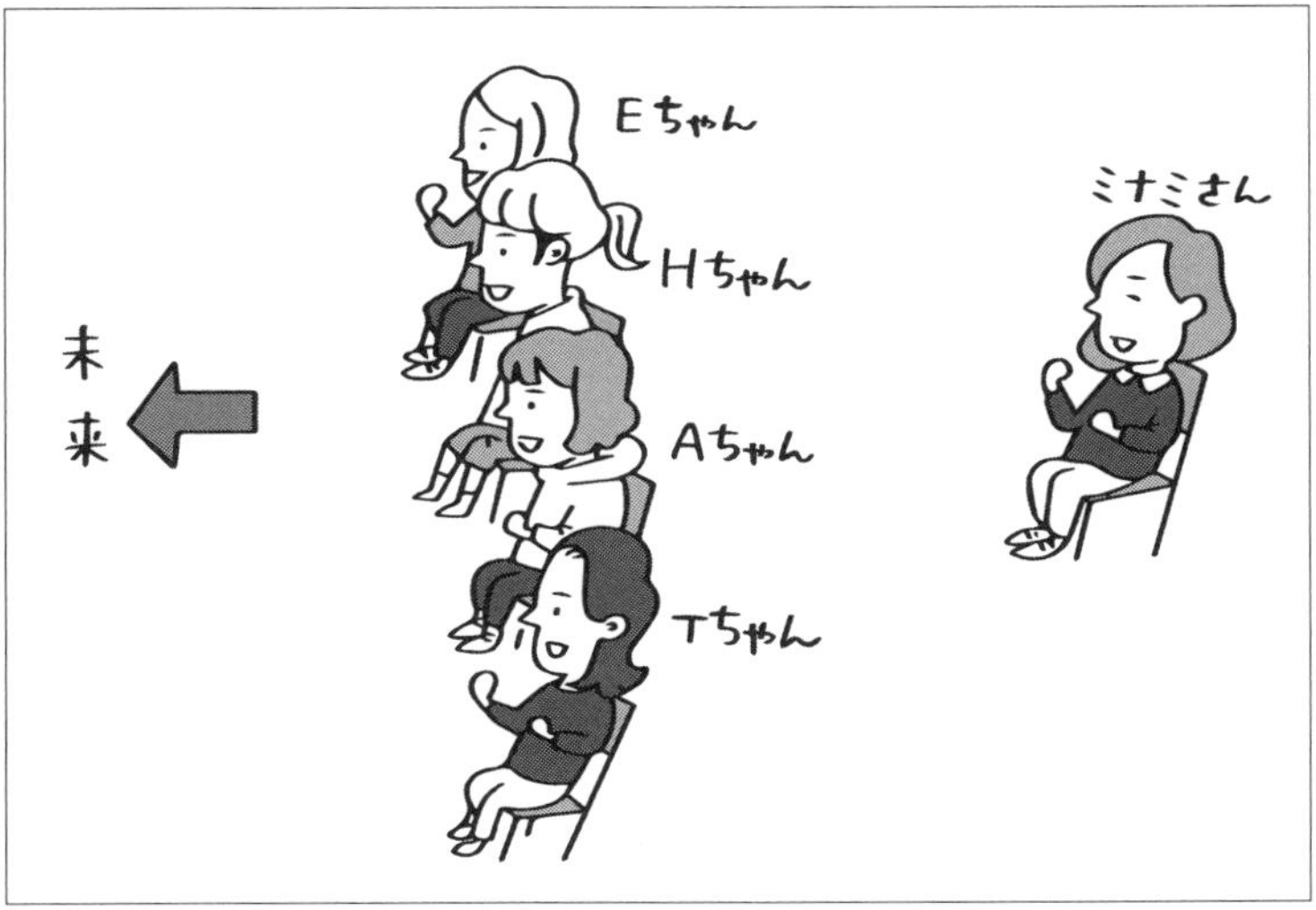

ミナミ　（Tちゃんの椅子に座って）「むっちゃ楽しい。跳んでるの楽しい」

平本　じゃあ、Eちゃんは？

ミナミ　（Eちゃんの椅子に座って）「ステージが広いから、いっぱい動かせるのが楽しい」

平本　いっぱい動かせるのが楽しい。Hちゃんは？

ミナミ　（Hちゃんの椅子に座って）「がんばってきてよかったなー」

平本　何をがんばってきたの？

ミナミ　「練習がんばってきてよかった」

平本　特に何の練習をがんばった？

ミナミ　「自分の苦手だったストレッチとか、つま先伸ばしとか」

平本　じゃあ、私がミナミさんだとして（ミナミさんの椅子に座る）、「Hちゃん。あんた、ストレッチとか、つま先伸ばしがんばったなあ」（Hちゃんの椅子にいるミナミさんに言う）どんな気持ち？

ミナミ　「がんばったのは当たり前やし」

平本　でもうれしい？

ミナミ　うれしい。

平本　そうだよね。（笑）

　Aちゃんに行こうか。

ミナミ　（Aちゃんの椅子に座って）「踊りって楽しいし、もっと表現していいんやな」

平本　よし、じゃあ、ミナミさんの椅子に行こう。

ミナミ　（ミナミさんの椅子に座る）

平本　さあ、みんなはこんなこと言ってます。

「跳んでるの楽しい」

「ステージ広くて楽しい」

「ストレッチとか、つま先伸ばしがんばってきてよかった」

「表現するのって楽しいな」

　こんなふうにみんなが言ってたら、どう思う？

ミナミ　うれしい。がんばって作品つくって、よかったなって。

平本　特に何がうれしい？

ミナミ　みんなのそれぞれの成長度合いと、まとまってる感じが出てきたから。それがうれしい。

平本　じゃあ、ちょっと後ろに立ってみて。

ミナミ　（後ろに立って、チーム全体を見渡す）

平本　こんなチームを見て、どう？

ミナミ　（笑顔になって）うれしい。

平本　じゃあ、こんなチームを目指しましょう。

最後に。自分にこんなふうに言ってあげて。

今までを思い出して。

ダンスをはじめて何年たったたか。最初どんな思いではじめたか。しんどいこともあった。もうやめたい、苦しいときもあった。全部思い出して。

ミナミ　…………。（思い出す）

平本　私、こんなにがんばってるのになんで

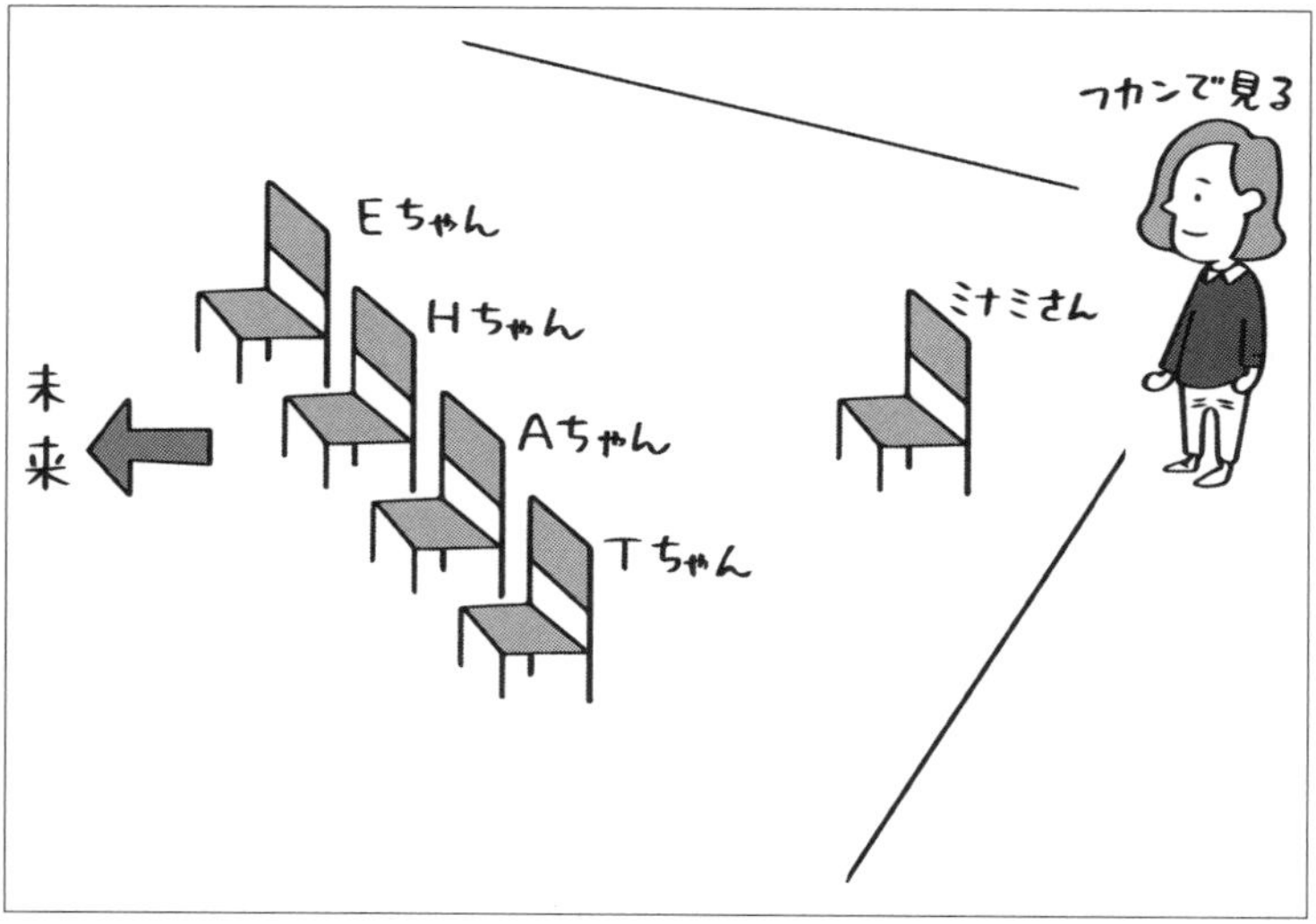

あんた練習しないの？　ってムカついたこともあったし。
でも、最後に、こうなってるシーンを想像して。

ミナミ　………。（涙が出てくる）

平本　今、身体・感情にアクセスしてるのわかります？　自然に涙が出てきます。
そして最後、チームはこうなりました。
なんだかんだ言って、ミナミさんがみんなをまとめていって成長させた。
そんな自分に何か一言、声かけてあげるとしたら何て言う？

ミナミ　「ありがとう、大丈夫やで」って。

平本　よかったら、肩を叩きながら、ハグしながら言ってあげて。

ミナミ　（ミナミさんの椅子に座っている、見えない「自分」を抱きしめて）よくがんばりました。
大丈夫です。このまま進んで行ってください。

平本　はい、ありがとうございます。（拍手）
どうでした？

ミナミ　（涙が出て声にならない）すごく、うれしいです。

◎セッション4 解説

●どんなチームも7~8人で代表させられる

山﨑　すごい。これは、映画を1本観たくらいの情報量ですね。

でも、今のセッションの内容を、『チームビルディング』という文章で書いたとしたら、

「欠点を指摘するのではなく、その人のいいところを見ましょう」

の1行で終わってしまうんですよね。

平本　そうなんですよ。

山﨑　でも、平本さんがやったのは、それぞれの椅子に座ってみたり、全体の中の自分とその人たちとの関係を見たり。そうやってはじめて、情報が出てくるんですよね。

これ、同じことを机上でやってしまうと、頭の中で考えてしまいますよね。そうすると「こいつはあかん」とか「ここがダメ」とか言って、ただ怒って、紙を破って捨てるみたいなことになってしまいますよね。

平本　私がコーチング・カウンセリング・瞑想の基盤にしているアドラー心理学には「全体論」という考え方があるんです。

前に行きたい自分がいて、ブレーキをかけている自分がいて、両者が葛藤《かっとう》してるっていう考え方を私たちはよくしますよね。

でも実は、自分の中に矛盾はない。前に進みたい自分がいて、もう1人の自分は、本当は応援したがってるんだと考える。これが全体論です。

それと同じで、チームの中にも実は葛藤はない、と私は思っています。

山﨑　普通、いろんな考え方の人がいて、ぶつかり合ったり、足を引っ張り合ったりしてると考えますよね。

平本　そうなんです。でも、「この人が邪魔してくれたおかげで気づけた」とか「この人に言われて成長できた」とか考えると、人生が楽になる。何が起こったとしても、「だからこそわかったことは？　得られたことは？」という発想をしたら、葛藤はなくなるし、世の中で怖いものがなくなるんですね。

山﨑　なるほど。

じゃあ、その考え方にもとづいて、今のセッションを理解して、活かすにはどうしたらいいか、ちょっと解説してもらいましょう。

今回は、まずチームのメンバーを椅子で表したんですよね。**【シーン①】**

平本　はい。ミナミさんのチームは20人くらいで、その中から典型的な4人を選んでもらったんですね。

山﨑　何人かを選べばいい。全員を椅子で表さなくてもいいということ。

平本　どのチームでも、未来に向かって前に進んでる人、まだ遅れてる人、前向きな人、横向きな人、後ろ向きな人……っているでしょ。そういう典型的なタイプでチームを代表させることができる。

これまでにやった例だと、某航空会社の7000人のCAさんを対象にしたこともありますけど、それでも8タイプで代表させることができました。チームの人数が多くても、タイプで分ければそんなに多くはないんです。

山﨑　そういう人間関係を、椅子で表してみる。人の関係性を表すのにも椅子は使えるんですね。

平本　この人とこの人は近い、ここは離れてる、とかね。椅子には前後の向きもあるから、前向きとか、後ろ向きとか、向かい合って対立してるとかも表せる。「この人とこの人、めちゃくちゃ仲は悪いけど、距離は近いよな」みたいな関係もあるでしょ？

山﨑　ありますね。「そんなに仲悪いならなんでいつも一緒にいるの？」みたいな（笑）。

平本　そういうのも椅子を使って表せるわけ。

●他人の立場に「立つ」ためには、「座る」こと

山﨑　そうやって椅子を配置した上で、それぞれの椅子に座ってみるんですね。**【シーン②】**

平本　そう。その人と同じ表情、仕草をしながら、「この人、こんなこと思ってるんだろうな」とイメージする。これをひと言でいうと「相手の立場に立つ」ということなんです。

山﨑　おもしろいですね。椅子に「座る」ことで、相手の立場に「立つ」。「相手の立場に立つ」って簡単に言ってしまいがちですけど、頭で考えようと思ったら

難しいですよね。

平本 立場が違えば、見える世界が違いますからね。だから、実際に相手の目線にならないとわからない。

山﨑 相手の主観に入る、という話ですね。

平本 自分はがんばってる。「がんばってる私」から見たら、「なんであの人はがんばらないの?」「なんで言ってもわかってくれないの?」という世界しか見えないんです。でも、相手の立場に立つ＝相手の椅子に座ると、「私なりにがんばってるんですけど……」という世界が見えるんですね。

するると、「あなたなりにがんばってるんだね」とか「こんなことしてくれてるんだね」と言ってあげられる。すると、次のステップに行けるんです。

●チーム運営を成功させるたった1つの鉄則

山﨑 次のステップというのは、「ここが助かってるからもっと発揮してね」と伝えることでしたね。

平本　そうです。気をつけるのは、相手のいいところを伝えるんではなく、その人のおかげでみんなが助かってることを伝える。

山﨑　あ、そこは重要ですね。単にいいところ、ではなく、みんなが助かってるところ。

平本　たとえば「苦手なことをがんばってるな」だと、「でも役に立ってないけど」という空気が出るんです。「明るくしようとしてくれてる」って言うと、「もうちょっとがんばろう」という気持ちになる。

山﨑　わかります。

平本　ここで、どんな組織でも思い通りにできる方法を教えます。たった一つだけその方法があります。本人もがんばっていて、まわりは「あなたがそれをやってくれたら助かる」というところをもっと出せと言う。すると、人間は言う通りにします。

これは2人組でやってみたらすぐわかる。

山﨑さん、あなたここが悪いから直して。（山﨑さんを指差して）ここが悪いから、直してください。ここができてないから、直してください。

これ、うれしい？

山﨑　気分悪いですね。

平本　じゃあ、（笑顔になって）山﨑さんのそういうところ、ほんと助かるわ。もっとお願いね。

山﨑　もっとがんばろうと思いますね。

平本　そうなんですよ。人間を思い通りに動かす方法は、「ここ悪いから直して」じゃなく、「そこ助かってるからもっと出して」なんです。ニコッと笑顔でね。

チームのメンバーの能力を発揮させるには、「すでにやってもらってることで、もっと出してもらったらチームがもっと良くなること」を言う。

山﨑　ミナミさんにもそれを見つけてもらったんですね。**【シーン③】**

平本　そうなんです。

「あなた、ここが悪いから直したほうがいいよ」

って言われたら、だんだん人が離れていく。

「私はこんなにがんばってるのに、なんであんたらがんばらないの？」みたいな感じになるから。

するとよけい余計に人が去る。だんだん人が嫌いになる。もう私1人のほうがいいみたいになる。

そうではなくて、みんながかんばってるのを認めてあげてほしい。とはいえ、ぶっちゃけ、ミナミさんほどは他のメンバーはがんばっていないと思うんですよ。努力の度合いで言うとね。でも、その中でも「もっと伸ばしてほしいところ」に意識を向けると、がんばり出すんです。「笑顔はいいよね」と言うと、もっと笑顔になる。「ジャンプがいいよね」と言われ続けると、それまでがんばってなかった子もジャンプをがんばり出すんです。

●他人を認められないのは、自分を認められていないから

山﨑　ミナミさん自身のいいところも見つけてもらいましたよね。【シーン④】

平本　他人を認めるのが難しい人は、自分を認められてないんですね。自分に向けている厳しい目を他人にも向けてしまっているから。自分を認められるようになることで、他人を認められるようになる。

山﨑　そうやって、自分を認めてあげられるようになった上で、他のメンバーを認めて、それぞれの伸ばしてほしいところを発揮してもらったらどうなるかをイメージすると。

【シーン⑤】

これで、どんなチームになったらいいかが見えてくるわけですね。

さっきも言いましたが、内容としてはシンプルで、「欠点を指摘するのではなく、その人のいいところ、特にその人がみんなの役に立っているところを見ましょう」ということなんですよね。

平本 それが、チームワークをつくるためのたった1つの鉄則なんです。

山﨑 でも、それを実際にどうやればいいかっていうところがわかってる人は少ないんですよね。平本さんのやり方を見て、「あ、こういうことなんだ」ってはじめてわかった人は多いんじゃないでしょうか。

コラム④　2人組で体感できる引き出すエクササイズ・その2

平本　じゃあ、また現在の位置に並んで立ちましょう。

今度は、サポートする人は、邪魔する役になります。

夢を叶《かな》えたい人は、1歩前に出たい。夢を実現したいわけですね。

サポートする人は邪魔する役になって、これを邪魔します。夢を叶えたい人の腕をとるか、肩を押さえて、前に行けないようにしましょう。

山﨑　腕か肩を押さえればいいんですか？

平本　それでもいいし、夢を叶えたい人が、どこを押さえられているかイメージできる場合もありますよ。足になんかしがみついてる感じ、とかね。その場合は、そこを押さえてもらいましょう。

そうしたら、この状態から、夢を叶えたい人は前に行こうとします。邪魔する役の人は、前に行けないように押さえます。

押さえられながら、夢を叶えたい人は、「行きたい！」「やらせてくれ！」「放してくれ！」と声に出してみましょう。他にも浮かんでくる言葉があったら口に出していいですよ。これを30秒くらい続けましょうか。

前に出ようとするのを邪魔される、それに対して「行きたい！」「放してくれ！」と声に出す。実際に身体を使って、夢の実現をブロックしているものを体感するわけですね。

山﨑　そうです。30秒やったら、立ち位置を交代します。夢を叶えたい人、サポートする人＝邪魔する役の人、場所を入れ替わってください。

さっきまで邪魔する役を演じていたサポートする人は、今度は前に行こうとする役をやります。夢を叶えたい人は、夢の実現を邪魔するもう1人の自分になると考えてください。

さっきと同じようにやってみましょう。

サポート役の人は前に出ようとしながら、「行きたい！」「やらせてくれ！」「放してくれ！」。さっき、夢を叶えたい人がやっていたのと同じ動き、口調でやってください。夢を叶えたい人は、もう1人の自分になって、腕や肩、その他の部分を押さえて邪魔します。

邪魔しながら、イメージしてください。夢の実現を邪魔するもう1人の自分は、邪魔をしながら何を言っていますか?

ここがおもしろいところですよね。僕もやってみたんですが、「それは君だけの目標」とか、「理想が高すぎ」とか、「失敗するのが怖い」とか、心の声がポロンと出てきました。

平本　そうなんです。もう1人の自分の心の声、自分でかけている心のブレーキがここで見つかるんです。

山﨑　なるほど。自分の心の中にあるブレーキが、見える化される。

平本　はい。でも、第4章で言いましたよね。人の心の中には、本当は葛藤はないとアドラーは言っていました。つまり、もう1人の自分は夢の実現を邪魔してるように思えるかもしれないけど、本当は協力したいんですよ。協力できるはずなんです。協力しましょう。

というわけで、次に進みましょう。

さて、今度は心のブレーキと協力するために、手を組みます。

実際に2人で腕を組んでみましょう。

そして、2人で一緒に前に出る。夢を実現する。元に戻る。

何度か前に出て、戻って、を繰り返してみて。

夢を叶えたい人は、繰り返しながらイメージしてください。

前に出るとき、腕を組んでいる自分になんて言われたら、「一緒に前に出たい」と思いますか？

山﨑　僕の場合は「どうしても一緒に叶えたい！」という言葉が出てきました。

平本　いいですね。言葉をイメージできたら、元のポジションに戻ります。

夢を叶えたい人は、本来の夢を叶えたい自分自身に戻る。サポートする人は、さっきまで邪魔していたもう1人の自分の役ですね。

また腕を組んで、一緒に前に出ましょう。

夢を叶えたい人は、さっきイメージした、「これを言われたら一緒に前に出たい」と思える言葉を口に出して言ってみましょう。たとえば、「どうしても一緒に叶えたい！」。言いながら、2人で一緒に前に出る。

心の中のブロックと手を組んで、一緒に夢を実現する。これを、身体と感情を使ってイメージするわけです。これを何回かやったら、終了です。お疲れさまでした。

山﨑　身体を使って、感情を動かして、心のブロックを見える化して。シンプルなエクササイズですけど、平本式のエッセンスが入っていますね。

平本　そうなんですよ。「引き出す技術」の基本としてチャレンジしてみてほしいんですね。もちろん、一通りやったら今度は夢を叶えたい人とサポート役を交代してやってみるのもいいですよ。

第5章

どうしても前に進めない人をどうするか？

◎セッション5（実演）ついついネガティブになってしまうキタさんと、あなたの物語

クライアント：キタさん。男性。

――人と接するときは明るく振る舞えるけれど、1人でいるときはセルフイメージが低く、自信がない。モチベーションも落ちてしまうのが悩み。

【シーン①】

平本　キタさんが、セルフイメージを上げたいと思うのってどういうときですか？

キタ　1人になるときですね。

平本　たとえばどんな場面？

キタ　家にいるときです。

平本　じゃあ、そのときの場面をちょっと思い出して。

１人でいるとき、どんな気持ちか思い出して。

キタ　（考え込む）……「いけるのかな？」と。

平本　何が「いけるのかな？」と考えるんですか？

キタ　自分の目標が、達成できるのかなって。

平本　じゃあ、「目標、いけるのかな？」ってことだね。

【シーン②】

平本　右か左か、どちらかにずれてみてください。

キタ　（右にずれる）

平本　（隣に立って）今、誰かと一緒にいるときだとして。

このときは「いけるかな？」って思ってますか？

キタ　人といるときは、思ってないです。

平本　セルフイメージは？

キタ　あ、高いです。

平本　なるほど。じゃ、思い出して。人といるとき、心の中でどんなこと思ってる？

キタ　「いけるでしょ」みたいな。

平本　じゃあ、目を閉じて。

キタ　（目を閉じる）

平本　周りに人がいると思って。「いけるでしょ」って言ってみて。

キタ　いけるでしょ。

平本　いけるでしょ。

キタ　いけるでしょ。

平本　じゃあ、今度は左にずれて。1人になりました。心の声は？

キタ　……だいじょうぶかな。

平本　だいじょうぶかな。

キタ　だいじょうぶかな。

【シーン③】

平本　次は、山﨑さん、ちょっと手伝ってもらいます。山﨑さんがキタさんの役になって。

山﨑　はい。（キタさんの立っていた位置に、代わって立つ）

平本　じゃあ、キタさん。ここに自分が立っています。後ろに立ってみて。「いけるかな？」とか「だいじょうぶかな？」っていう声は、どのへんからささやいてる？

キタ　ここらへん（山﨑さんの首筋の後ろあたりを指差す）です。

平本　じゃあ、ちょっとそこからささやいてみて。

キタ　いけるかな？　いけるかな？　だいじょうぶかな？

平本　じゃあ、山崎さん、キタさんとチェンジして。後ろからささやいてみて。

山崎　（キタさんの背後からささやく）いけるかな？　だいじょうぶかな？　いけるかな？

平本　さあ、後ろからささやいてくるこの声に対して、どうやって返したいですか？

キタ　返したい言葉ですか？

平本　うん。「いけるわ！」でもいいし、「無理だ」でもいいし「だいじょうぶ！」でもいいし。

本音で、正直に。

　　もう1回、後ろからささやいてみて。
山崎　いけるかな？
キタ　……うーん……いけるかなあ？
平本　あ、なるほど。一緒に言ってる感じね。じゃあ、2人で交互に言ってみて。
山崎　いけるかな？
キタ　いけるかな？
山崎　いけるかなあ？
キタ　いけるんかなあ？
平本　だんだん大きい声で。
山崎　いけるかなあ？
キタ　いけるかなあ？
平本　OK、じゃ、ちょっと大きく伸びをして。
キタ　（伸びをする）

【シーン④】

平本　今度は、キタさんは横から見てみましょう。キタさんの役をアシスタントにやってもらって、後ろからささやくもう1人のキタさんは山崎さん。

ここに、「2人の」キタさんがいます。キタさんが部屋に1人でいるとき、こんなことをやってるんです。ちょっと見てください。

山崎　いけるかな？

アシスタント　いけるかな？

山崎　いけるかなあ？

アシスタント　いけるかなあ……？

山崎　いけるかなあ？

アシスタント　いけるかな……？

平本　はい。どう思いますか、この人？

キタ　ヤバいですね（笑）。

平本　この後ろの人は、悪意があってささやいてるの？　それとも、「もっとこれやったらいいのに」みたいな、激励をしているの？

キタ　あ、それはめっちゃ言われます。「もっと動けるやろ」とか。

平本　ＯＫ、じゃあ言ってみよう。

【シーン⑤】

キタ　（アシスタント【キタさん役】の後ろに立ち）もっと動けるやろ。もっと動けるやろ。

平本　じゃあ、山崎さんと交代。

山崎　もっと動けるやろ。

キタ　…………。

平本　ささやく声に対して、自分の心の声はなんて答える？

山﨑　もっと動けるやろ。

キタ　そうだよね。でも……。

山﨑　もっと動けるやろ。

キタ　うーん、動けんのかな？

山﨑　もっと動けるやろ！

キタ　でも……。

平本　でも？

キタ　もっと動ける？

平本　でも実際、動けないよね。

キタ　うーん……。

【シーン⑥】

平本　よし、もう1回、横から見てみよう。

山﨑　もっと動けるやろ。

アシスタント　うーん……。

山﨑　もっと動けるやろ。

アシスタント　うーん……。うーん。

平本　この人、どう見える？

キタ　ヤバいですよね。

平本　じゃあ、ああいうふうにやってたら動けると思う？「もっと動けるやろ」って言われ続けたら？

キタ　動けないです。

平本　ですよねえ。後ろの人になんて言ってもらいたい？

キタ　「がんばってるな」とかかな……あ、「すごい！」って言われたいです。

平本　ほう。何を「すごい！」って言われたいですか？

キタ　他人の目を気にしているのかもしれないですけど、他人から「すごい！」って言われたいんです。

【シーン⑦】

平本　ふーん。じゃあこっちに来て。山崎さん、「すごい！」って言ってみて。

山崎　すごいねえ。

キタ　（うれしそう）

山崎　すごいねえ。

キタ　（うつむいていた顔が上がる）

平本　さあ、こういうふうに言われるのと、

さっきのとどっちが動ける？

キタ　こっちのほうが動けます。

平本　ＯＫ。

じゃあ、今度は１人になったら、目の前に鏡があると思ってください。鏡の中の自分に、「いやー、お前すごいな」「すごい」って１００回ぐらい言ってみて。

キタ　えー（照れる）。お前、すごいな。

平本　どこがすごいか言ってあげて。

キタ　どこがすごいか？……うーん。

平本　これよくやったな、とか。なるべく具体的に。

キタ　うーん。どこがすごいか？（悩む）

平本　実際に、この１週間を振り返ってみて、本当に自分がよくやったなというのを思い出して。

キタ　よくみんなを楽しませたな。

平本　うん、うん。

キタ　よくこの時間までやったなあ。

平本　うん。あとは？

キタ　あとは……出てこないですね。

【シーン⑧】

平本　じゃあ、ちょっと思い出してみましょう。

10歩か20歩、後ろに下がって。

キタ　（20歩ほど下がる）

平本　ここからは、顔の笑顔ははずしてください。すごく真剣な領域に入っていくので。思い出してください。小学校5年生くらいのとき。お父さんが怖かったか、お父さんが頼りなかったか。もしくは、お母さんの顔色ばっかりうかがって、「お母さん本

当に喜んでるのかな？」「僕、またいけないことしたんじゃないかな？」「お母さんを幸せにできてないんじゃないかな？」って思っていなかったか。

小学校4、5年のときにどんな場面が思い浮かぶ？

キタ　……お父さんが怖かった。

平本　うん。

キタ　ほとんど帰ってこないんですけど、帰ってきたときは軍隊みたいな家になって。でもお父さんはおもしろいっていう感じです。

平本　（うなずいて）さあ、この場所（過去）を覚えておいて。

お父さんはめったに返ってこない。帰ってきたら軍隊みたいに厳しい。でもおもしろい。ほとんどのお父さん、お母さんは100％鬼でもないし、100％いい人でもない。

【シーン⑨】

平本　もう1回、戻りますよ。（現在へ戻る）

1人になった場面を思い出して。

一番最初の言葉は何だった？

キタ　いけるのかな？

平本　じゃあ、「いけるのかな？」って言いながらゆっくり後ろに下がっていって。

キタ　いけるのかな？……いけるのかな？（後ろに下がっていき、過去の位置まで戻る）

平本　さあ、思いつく限り古い記憶で、過去に、お父さんかお母さんの前でこんな気持ちになったことはある？

キタ　（しばらく考えて）あっ。……はい。

平本　どんな場面？

キタ　あの……ちょっと待ってくださいね。あの……すごい。（驚きを隠せない）すごいですね、これ。

平本　どうぞ。

キタ　あの、運動神経が良かったので、スポーツで、親からも学校からも期待されていたんですけど。全国大会には行けなかった。

平本　全国大会には行けなかった。

キタ　……んですけど、その頃に「いけるのかな？」「できるのかな？」っていうのをずっと考えてた。

平本　そのときに、「いけるのかな？」「やれるのかな？」というのが身について。それが今でも1人になったら自動的に、反射的に出てくるようになった。

キタ　（うなずく）

平本　そうしたら、お父さんかお母さんに問題があったというよりは、自分が期待に応えられなかったことがつらかった。

キタ　そうですね。

平本　じゃあ、2、3歩前に出て。大きく伸びをして。（伸びをする）

キタ　（伸びをする）

【シーン⑩】

平本　これまでを振り返ってみて、キタさんは、部下でも後輩でもいいんだけど、誰か落ち込んでいる人をはげましてあげられたことあったよね？

キタ　はい。

平本　そのときの自分を思い出して。試合で負けたとか、仕事でうまいこと結果が出なかった。そういう人に寄り添って、はげましてあげて、「ありがとうございます」と感謝されたこと。思い出してください。

キタ　はい。（思い出す）

平本　じゃあ、くるっと後ろを振り向いて。なんて声をかけたい？　そいつに。

キタ　……「そこでは実らなかったけど、違うところで実るよ」って。

平本　じゃあ、そばに行って、肩を叩《たた》いたり、ハグしたりして言ってあげて。

キタ　（見えない相手の肩に手を置いて）今回は実らなかったけど、今までの努力は、どっかで絶対、実るよ。

平本　うんうん。じゃあ、もっとしっかり心を込めて。

キタ　今回は実らなかったけど、絶対、今までの努力は未来につながってるから。

平本　そしたら彼は何て言ってる？

キタ　うなずいて、言葉はないって感じです。

平本　じゃあ、ちょっと彼の立場に入って。

その言葉を聴いてどう思う？
（キタさんの肩を叩きながら）「今回は実らなかったけど、絶対その努力が実る日が来るよ！」

キタ　すっきりしました。

平本　では。2020年、3月○日。1人になっているあなたがあそこ（現在）にいます。なんて声かけてあげたい？

キタ　……やれるだけやってみ、っていう感じです。

平本　じゃあ、現在に行って。
ここにいる彼に、「やれるだけやってみ」と言ってあげて。1人になったときは必ず、「やれるだけやってみ」って。言ってみて。

キタ　やれるだけやってみ。努力は、今すぐは実らないかもしれないけど、どっかで必ず実るから、とりあえずやってみよう。

平本　そんなふうに言われたらどんな気持ちですか？

キタ　めっちゃすっきりしました。

平本　OK、じゃあ、これからは1人になったときは必ず、自分に言ってあげて。「やれるだけやってみ」って。

キタ　はい。

平本　さて、感想はどうですか。

キタ　過去に戻ったときに、期待に応えられなかった自分がこんなに残ってたんだ……というのに今、気づいて。ちょっと涙が出そうでした。

平本　先輩や上司は、キタさんに「期待してるよ」と言いますよね。子供の頃に何があったか知らないから。ところが、「期待してるよ」と言われれば言われるほど、キタさんの中には「期待に応えられなかった」というのが出てくる。言ってる人は悪気はないのにね。そんな過去があったのを知らないから、純粋によかれと思って言うんです。

キタ　はい。

平本　だから、「期待してるよ」と言う人が悪いんじゃなく、キタさん自身がそんな自分でもいいよって認めてあげる。「よくがんばった」って、しっかりと認めてあげてほしい。

キタ　はい。そうします。

平本　ありがとうございました。（拍手）

解説

◎セッション5

●コーチング領域とカウンセリング領域

山﨑　いやー、すごかったですね。キタさんが、「あっ」て気づいた瞬間。**【シーン⑨】**

今回は、今の問題を解決するために、過去の出来事にさかのぼったわけですよね。

今までのセッションはコーチングでしたけど、今回のはカウンセリングの領域に入ってると思うんですが？

平本　その通りです。マイナスからゼロにするのがカウンセリング、ゼロからプラスにするのがコーチング。別の言い方だと、よりプラスに向けていい習慣、パターンを身につけるために引き出すのがコーチング。マイナス、悪い習慣、パターンから抜けるために引き出すのがカウンセリングです。

別の言い方をすると、「どうなったらいい？」と問いかけて、「こうなりたいです」というのを引き出す。それを「いいね、いいね」と盛り上げていって達成させるのがコーチングです。基本はこれをやればいい。これまでのセッションでやってきたのは引き出す技術のコーチング的な関わり方ですね。

ところが、「いいね、いいね」と盛り上げようとすればするほど下がっていく人がいるんですよ。「やっぱり無理」となってしまう。「そんなことないよ、がんばろう」と元気づけるとなおさら下がる。そういうパターンにはまってしまっている。こういう場合が、カウンセリングの出番なんです。

●前に進めないのは、過去の問題があるから

山﨑　今、悪い習慣、悪いパターンにはまってしまっているとして、その問題は、今起きてる問題だけじゃないということですよね。過去に原因がある。

平本　そうなんですよ。

山﨑　ちょっと最初から振り返ってみましょうか。

キタさんはセルフイメージが低い、セルフイメージを上げたいという悩みがあった。もっと自信を持って前に進みたいのに、なかなかうまくいかないと。じゃあどういうときにセルフイメージを上げたいのか、というのを具体的に再現してもらうところからはじめたんですね。**【シーン①】**後ろから、もう1人の自分が「いけるかな？」とつぶやいてくるという。

平本　はい。普段やっていることを、ありありと臨場感で再現する。さらに、1人のときと、誰かといるときの違いを再現してもらったり**【シーン②】**、山﨑さんにも手伝ってもらって、1人のときに自分がどんなことをやっているのか、キタさん自身にフカンで見てもらったりしたわけですね。**【シーン③〜シーン⑥】**

山﨑　フカンでみたら、キタさんも「自分、ヤバいな」って気づいてましたよね。

平本　そう、セルフイメージが低い人、どうしても前に進めないという人でも、フカンで見たら単なる気にしすぎということも多いのです。そういう人は、「俺、気にしすぎなんだ」と気づいただけで解決することもあります。

もう1つ、キタさんの場合は、自分で自分を責めることで、もっと動かそうとしていた。でも逆効果だったんですよ。

山﨑　もう1人の自分が、後ろから「もっと動けるやろ」と責めていたんですね。**【シーン⑤】**

平本　後ろの自分は、動かすつもりで自分を責めていたんだけど、それって車のスピードが出ないからといってハンマーでばんばん叩いてるのと一緒なんです。よけいスピードが落ちるんですよ。

だったら、ハンマーでぶっ叩くんじゃなくて、自分ができたことを認めてあげるほうが解決する場合もある。

山﨑　それもやってましたね。この1週間を振り返って、よくやれたことを思い出して、鏡の中の自分を「すごい」と褒めてあげるということですよね。**【シーン⑦】**

平本　なんですけど、キタさんは正直なところ、自分をすごいなと思うことはできていなかったですよね。自分を心の底から認められていない。

だとしたら、過去に問題がある。ちょっと子供のときにさかのぼる必要がある。

●多くは10歳までの出来事が原因

山﨑　なるほど、そこから子供時代に入っていくわけですね。**【シーン⑧】**僕たちが影響を強く受けるのって、生まれてから10歳前後くらいまでの出来事が多いですよね。キタさんの場合も、まさに小学生のときの記憶でした。そのときに感じた感情体験が、後々まで残る。その後の人生で、よく似たシチュエーションに出会ったときに、その感情が戻ってくるんですよね。

目の前の人が手を上げたら、とっさにこう、手で顔をガードするじゃないですか。「叩かれる！」と思って。でも、赤ちゃんは目の前で手を上げられても、ガードしたりはしませんよね。なぜかというと、叩かれた経験がないから。大人になると、目の前の人が手を上げげたらとっさに頭をガードするようになる。それは、叩かれた過去が戻ってくるからなんですよね。

キタさんのケースでは、小学校のときの経験が、大人になった今も、ずっと古傷として何度も場面を変えながら出てきていた。それを今日、認識することによって**【シーン⑨】**手放すことができた。**【シーン⑩】**

平本　そういうことです。

山﨑　僕も経験があるんですが、これ、1回手放すともう出てこないんですよ。これはすごいですよね。

でも、自分では気づくのは難しい。キタさんもそうでしたが、古傷になっている記憶は普段、思い出さないことも多い。深層意識のレベルにあるもので、普通は認識できない領域ですよね。それを今、体を動かし、臨場感を高めることによって「あっ」って気づけた。

平本 そうです。キタさんの場合は、気づくことによって解決しましたね。

ただ、場合によってはもっと根が深いこともある。「あ、あれか」と気づいただけでは解決しない。

山﨑 そういう場合はどうするんですか？

平本 その場合は、過去の記憶のフタを開けて、そのときに感じたネガティブな感情を出し切ります。怒りとか、悲しみとか、悔しさとか。これを情動レベルのカウンセリングというんですが。一番深いレベルのカウンセリングです。

今のように、「あっ」と気づいたら解決するのは、認知レベルのカウンセリングといいます。それと、今までは1人になると自分を責めていたけど、これからは鏡の中の自分に「すごい」と言ってあげるように行動を変えましょう、これで解決する場合もある。

これは行動レベルのカウンセリング。

行動レベル↓認知レベル↓情動レベルと順に深くなっていくんですね。

山﨑　深いレベルのカウンセリングは、やっぱり難しいですよね。

平本　そうですね。難しいです。

カウンセリングって、怖い領域でもあるんですよ。過去のつらい記憶を引き出すものだから。私もカウンセリングの中で、むごい話をいっぱい聴いてきました。

クライアントは、1人で過去のつらい記憶の中に入っていくのは怖いですよね。これまでも、「傍観者じゃなくて当事者になろう」、「クライアントと同じ目線で」と言ってきましたが、カウンセリングではそれがいっそう重要。

山﨑　暗くて深い海に潜っていくのは怖いですものね。だから、一緒についていってあげるということですよね。

平本　まさにその通りで、カウンセリングは一番深いところ、底に足を着くことによって、浮き上がるということなんですよ。そのとき、じゃあクライアントの「底」が2メートルだとしたら、自分が1・5メートルしか潜れなかったらついていけない。一緒に潜ったはいいけれど、帰ってこられないこともある。一緒に溺《おぼ》れてしまうこともある。

山﨑　カウンセリングにはそういう危険性もあるんですよね。

平本　ですから、カウンセリング領域については、専門家に任せたほうがいい場合も多いことを忘れないでください。「気にしすぎ」とか、「あなた、1人のときに自分を責める言葉をかけてるね」といった気づきで解決する場合ならいいんです。でも、「これ以上は相手のつらい過去の経験に入って行かないとダメだな」と思ったら、それ以上は深入りしないで、専門家に相談するようにすすめるほうが安全です。

山﨑　なるほど。それは絶対に覚えておいたほうがいいですね。そのレベルになると、一朝一夕にできるものではないですよね。

平本さんの場合は、どういう訓練をして深いレベルのカウンセリングができるようになったんですか？　つまり、クライアントのネガティブの「底」までついていって、なおかつちゃんと戻ってくるという。

平本　カウンセリングの中でつらい経験をたくさん聴いて、一緒に涙を流してきたことがトレーニングになりましたね。そうやって、自分がどれだけネガティブに入れるか、というキャパシティを上げてきたんです。だから、深く落ち込んだ経験がある人、ひどく悩んだ経験がある人は、それだけ深い悩みを持った人を助けられるんです。

山崎　そうか……。ということは、今自分が悩んでいる、苦しんでいるということが将来、悩んでいる人を助けるための修業になっていると言えるわけですね。そう考えると、自分の悩みや苦しみに対する捉え方も変わってきますよね。

平本　そうなんです。でも、くれぐれも、相手の悩みが深いと思ったら無理しない。これは忘れないでくださいね。

●あなたの後ろで、いつも見守っている人

平本　せっかくですから、ここでみなさんにもちょっとカウンセリングをしておきましょうか。ちょっと思い出してください。

山崎　「みなさん」って、平本さん、誰に話しかけてるんですか？

平本　みなさんです。

山崎　みなさんって？

平本　この本を読んでいるみなさん、あなたです。

山崎　読者ですか！

平本　そうです。思い出してください。あなたの過去を振り返って、できなかったこと、うまくいかなかったこと。

一生懸命がんばったのに、結果が出なかった。失敗した。受け入れられなかった。期待に応えられなかった。

そのときにさかのぼって、なるべくそのときと同じ表情、姿勢をしてみてください。がっくりとうなだれたり、頭を抱えたり。

そして、味わってください。あのときは気づかなかったけれど、どれだけ悲しかったか。悔しかったか。味わってください。

一生懸命がんばったのに、なんでこんな結果なの？

努力してるのになんでわかってくれないの？

私ががんばってることを認めて。

なんで誰も私のことわかってくれないの？

なんで死ぬほどやってるのに結果が出ないの？

しっかりと味わって。

味わいきったら、吸う息と一緒に大きく伸びをして。声を出します。

あーーーーー！

さあ、一瞬で立ち上がってください。

今まであなたが座っていたところを見てください。

落ち込んで座っているあなたがいます。

今まであなたは、誰かを助けてあげたことがある。相談に乗ってあげた経験がある。

今までで最高の、「人を助けてあげた自分」になりきってください。

そんな自分の表情、姿勢をやってください。

あなたには余裕もあるし、自信もある。愛情もあるし、人の気持ちもよくわかる。

そんな自分が、前にいる自分を、肩を叩いてあげたり、ハグしてあげながら、「大丈夫」「よくがんばった」と言ってあげましょう。

さあ、自分の言葉で声をかけてあげてください。

よくがんばった。

誰よりも私が、がんばってってきたのを見てるから。
ずっとあなたのことを見守ってるよ。

言ってあげてください。
言ってあげたら、もう一度、座りましょう。
後ろから、ずっと見ていてくれるもう1人の自分を思い出して。
誰よりも自分のことをわかってくれる。信じてくれている。後ろからハグしてくれる。
目を閉じて、しっかりと感じてください。
感じられたら、ゆっくりと吸う息とともに伸びをして。
お疲れさまでした。

山﨑　どうでしょう、読んでいる人は、自分の後ろでいつも見守っている人を感じられましたかね。もしうまくいかなかったら、もう一度、最初から試してみたらいいですよね。過去を振り返って、うまくいかなかったこと、悲しかったこと、悔しかったことを思い出してみるところから。

平本　ええ、ぜひ、まずは自分を受け入れてあげてほしいんです。自分を受け入れることで、他人を受け入れられるようになる。それが、人の可能性を引き出す力になっていくんです。

山﨑　人の力を引き出したい、そのためにコーチングやカウンセリングを学びたい、と考えて、勉強する人は、きっとこれまで人一倍がんばってきた人だと思うんですよ。そういう人こそ、まずは自分を抱きしめてあげてほしいなあ。

第6章

「ライフ・チャート」の使い方

◎セッション6（実演）「ライフ・チャート」を使って山﨑さんの人生全体を見る

●初心者向け、かつ高度なツール

山﨑　さて、平本さん。ここまで平本さんのセッションを見てもらって、引き出すために何をやったらいいのかを解説してもらってきました。

最後にもう1つ、「ライフ・チャート」という道具の使い方を教えていただけるんですよね。これは、今まで学んだことの発展編ということですか？

平本　「ライフ・チャート」は、むちゃくちゃ簡単にもできるし、むちゃくちゃ高度にもできるんです。

山﨑　⁇

平本　単純に回答しているだけでいちおうは答えを出せる、という意味では超初心者向き。でも、これまで学んだこと――身体を使って、感情を動かす。相手によりそう。ありありと臨場感を持ってイメージする――といったことも使って引き出していくと、出てくる答えが異次元になる。

山﨑　異次元！　それはワクワクしますね。

平本　さっそくセッションに入ってみましょう。最後に解説の時間も設けますが、山﨑さんが相手ですから、途中でもちょくちょく解説を入れながら進めていきますね。

山﨑　お願いします。

平本　さて、「ライフ・チャート」というツールを使って人生全体を振り返っていくんですが、人生といってもいろいろな分野があるじゃないですか。仕事もある、人間関係もある、人間関係の中には家族との関係もあれば友達との関係もある。お金とか、健康とかもあります。

そういうさまざまな分野を、「ライフ・チャート」では8つに分けます。

さて、この8つの分野について、それぞれの満足度を10点満点で書きこんでみてください。完全に満たされていれば10点、ぜんぜん満たされていないのは0点として。

山﨑　ここに書いたらいいんですね。

平本　主観で判断してくださいね。はたから見たら大金持ちでも、本人はぜんぜん満たされていないという人もいれば、給料が少ないように見えても本人はまったく不満がないということもある。あくまでも100％主観で。

山﨑　はい。なんか、公開処刑みたいですね（笑）。僕の人生が全部わかってしまう（笑）。……はい、できました。

平本　さあ、全体を見て何か気づいたことはありますか。

山﨑　あー……人間関係に悩んでいるのかな、と。

平本　まあ、悩んでいるかどうかはまだわからないです。他がけっこう高いからね。

山﨑　この8つのジャンル分けが秀逸ですよね。人生というものを考えたときに、大切なものを挙げているんですよね、きっと。

特にしびれたのが、仕事／他者への貢献というところ。

平本　これはね、なんで「仕事」じゃなく「仕事／他者への貢献」にしたかというと、専業主婦（主夫）の方もいらっしゃるんですよ。そういう人は「私は仕事してないです」と言う。いや、あなたの家事は他者に貢献してるんだよ、ということを伝えたくて。

「ライフ・チャート」

**自分の人生を次の8つの分野から見て、
今現在の満足度を0から10の間で
示してください。**

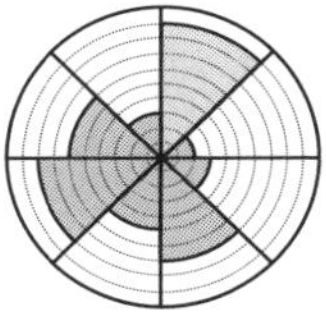

〈記入例〉

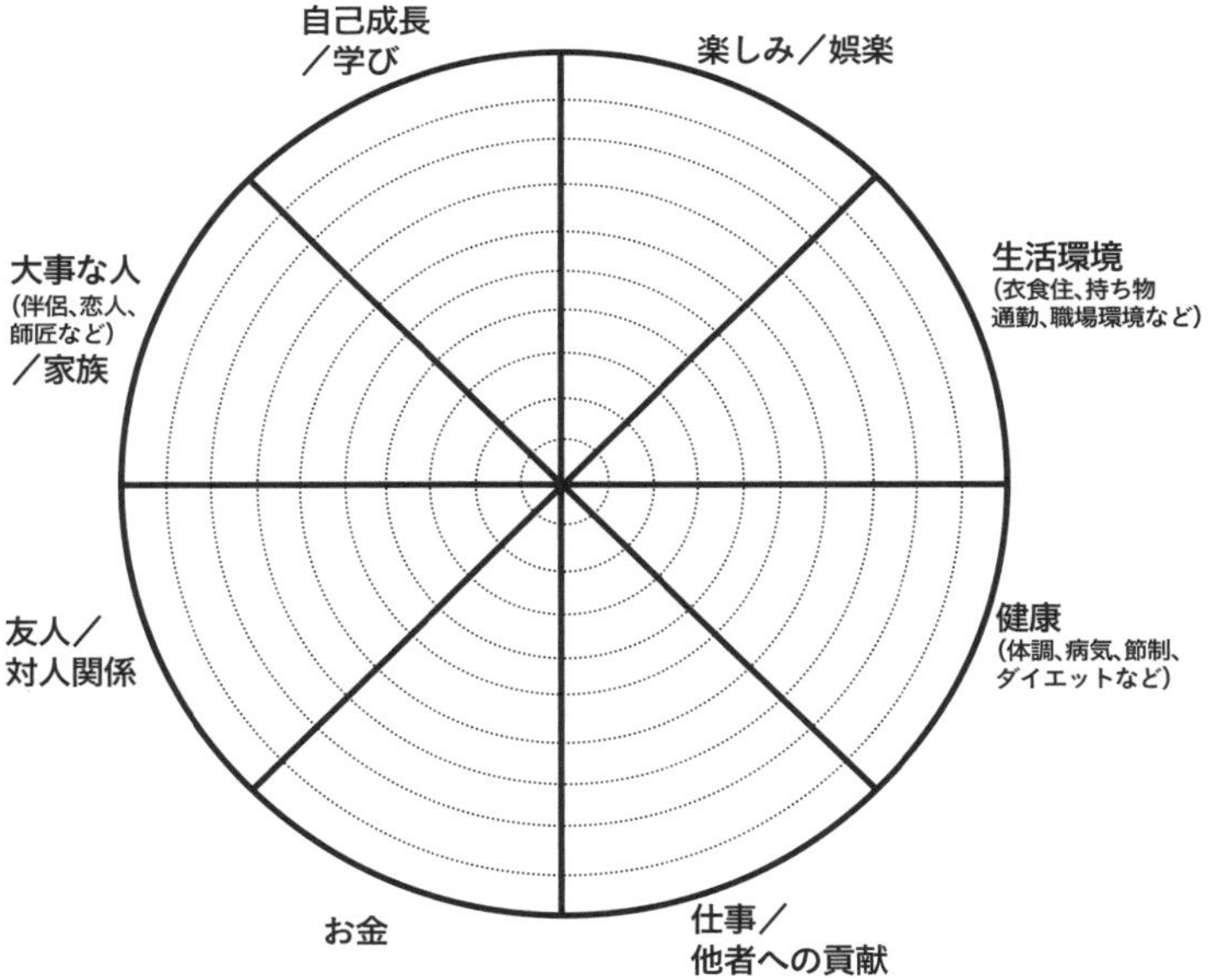

山﨑　なるほど。仕事と他者への貢献が、頭の中でバラバラの方もいらっしゃいますもんね。

●ステップ①満足している分野

平本　では、まずステップ①から行きます。
この中で、満足している2分野を選んでください。これは、必ずしも点数が高い分野じゃなくていいんです。
たとえば、昨日まで2点だったのが6点に上がった人と、6・5だったのが7に上がった人だと、前者のほうが満足しているということもある。
だから数字は気にしなくてもいいので、満足している分野を2つ選ぶとしたら？

山﨑　満足してる分野……自己成長／学びかな。

平本　もう1つは？

山﨑　うーん……お金。

平本　お金。なるほど。

山﨑さんが書き込んだ「ライフ・チャート」

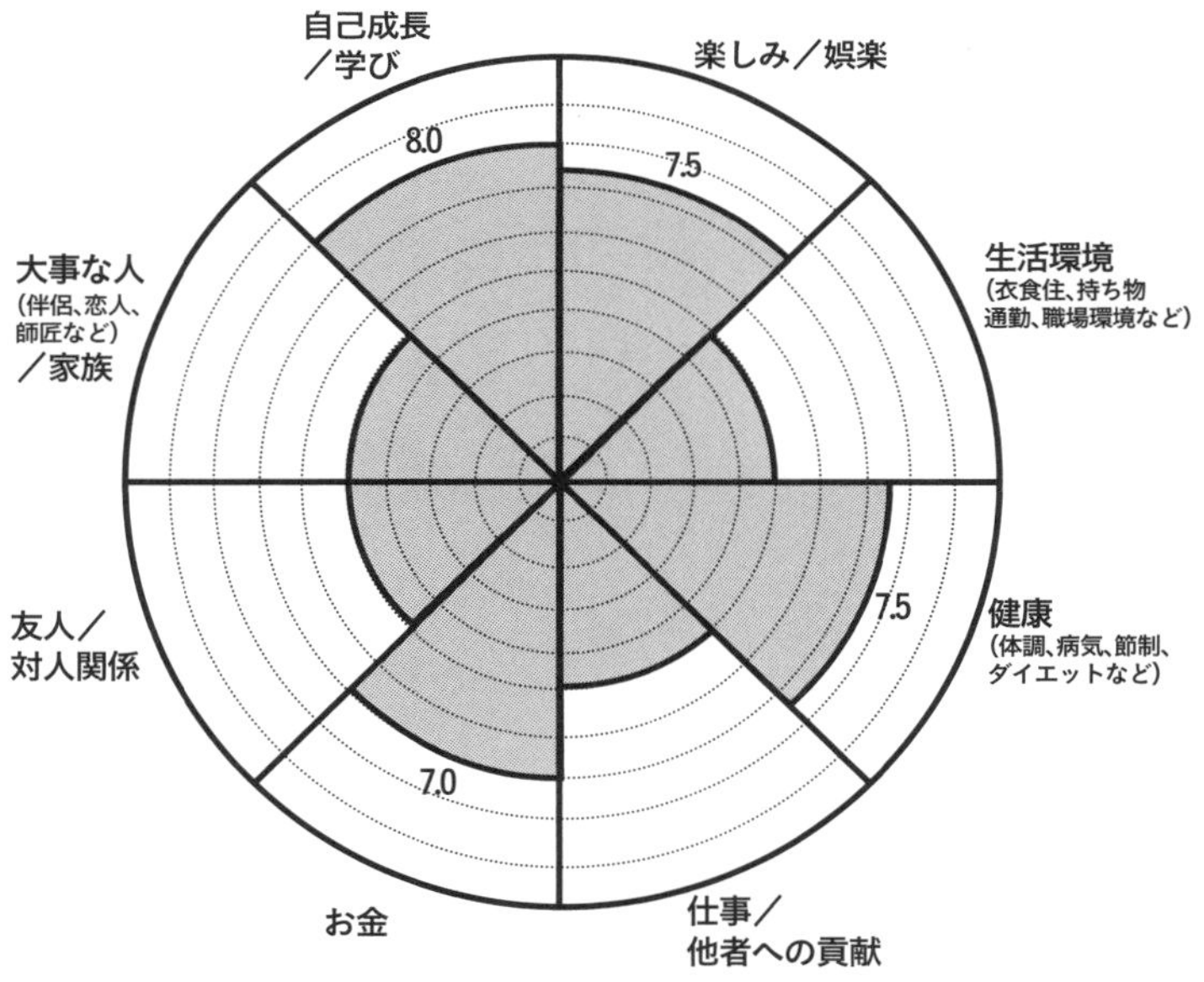

では、まず自己成長／学びからいきましょう。山﨑さんは8点にしてますね。その中身を聞きたいんですが、具体的に「これは満足しているな」というのを教えてください。

山﨑　学びが満足している大きな理由というのは、週がわりのように新たな情報に触れて、自分でも「この半年間で別人になっちゃったんじゃないかな？」と思うくらい学んでいる。その実感、スピード感。それが8点ですね。

平本　では、特にその中でも「これは学びが大きいな」という例を2、3挙げるとしたら？

山﨑　そうですね、今は仏教のことを勉強しているんです。言うなれば仏教って哲学じゃないですか。「何かを認識している自分」を認識しようとする第三の目を開くということだったり。認識している自分を認識している自分、それをさらに認識しようとする……とかね。そういう目を持とうとする練習を日々やりはじめているんです。それが充実感の1つですね。

平本　なるほど。他にはありますか？　満足している中身、その具体例。

山﨑　満足している中身ね……こうすると人を成長させてあげられるんじゃないかな、という明るい兆しを感じていることですかね。

平本　ほう、いいですね。

山﨑 成功を技術化したいんですよね。

平本 成功を技術化。なるほど。

山﨑 成功って、特殊な人たちだけのものではなくて、正しくレクチャーすると誰もがそれを手に入れられるものにしたい。そういう欲がありまして。「これでやるとうまくいくんじゃないか？」というような兆しを見つけています。

平本 いいですね。さあ、他に、「自己成長／学び」の中で具体的には？

山﨑 うーん、そんな感じかな。

平本 ＯＫ。では「お金」に行きましょう。７点の中身を教えてください。どうして７点で、満足していると言えるのか。

山﨑 そうですね……最低、生きるのに必要なライフ・コストってありますよね。それを人生の中で早めにクリアできたという喜び。

あとは、これからの老後を考えると、昔は「お父さんが亡くなったらやっていけない」みたいな感じだったけど、これからの悩みって「もし長生きしちゃったらやっていけない」だと思うんです。

平本 うーん、たしかに。

山﨑　自分が長生きすることに対する恐怖感……みたいなものをみんながうすうす感じはじめている中で、そこがクリアできているということだと思うんですよね。

平本　なるほど、長生きしてもライフ・コストに関しては問題ないと。

山﨑　うん。たとえば、すごい稼いでいる人でも、自分が働けなくなったらライフ・コストが脅かされる方っていらっしゃいますよね。

平本　あー、そうか。年収めちゃくちゃ取ってるけど、病気したり怪我して働けなくなっちゃったら、今までの生活は維持できない人もいますね。

山﨑　そうそう。ライフ・スタイルって、なかなか落とすことはできないですから。だから生活レベルを上げることってけっこうなリスクですよね。そういう意味でも、自分はディフェンシブにやってきたことがよかったかなと思います。

平本　なるほど。他に、7点の中身は？

山﨑　うーん、何だろう……？

平本　こんなふうに、本人が最初に言うことというのは、意識してるレベルなんですよね。具体的に聞いて、その場面に臨場感が湧《わ》いたあと、「他に何かないですか」と聞いていく。3回、4回と聞いていくと「ぽろっと言っちゃった」というものが出てくる。

山﨑 自分もまだ認識していない世界が出てくると。

平本 そうなんです。ひと通り認識しているものを言い切って、「なるほどね」と共感したあとに「他には?」と聞くと、そのノリでポロッとね。

山﨑 では、他に「お金」で満足していることはありますか?

平本 お金で満足していることね……稼げる力がついてきたこと。

山﨑 ほー、稼げる力。おもしろいですね。

平本 このときに、「え、稼げる力? 山﨑さんは何十年も前から余裕で稼げてるじゃないですか」というように、一般的なその人への認識を、先入観として入れちゃダメ。
自分から見た山﨑拓巳ではなく、山﨑拓巳が自分自身を見たとき、「前はこうだったけど、今は稼げる力がついた」と感じている。それって何だろう? という白紙の好奇心を持つことが大事です。
というわけで、山﨑さん、何をもって稼げる力がついたと言うんですか?

山﨑 それはですね、どうしたら人の役に立てるか、というのがわかって、それを届けられるようになりだしたということだと思いますね。

平本 おもしろいですね。稼げるって普通、「俺が食っていける」という意味ですよね。

山﨑さんの場合、人の役に立てるかとか、どう価値を届けられるか、ということをもって「稼げる」を定義している。

山﨑　あー、たしかに。なるほど。

平本　これは山﨑さんの定義なんです。いい悪いじゃなくて。では、その定義にもとづいて、「自分は稼げる力がついた」と思える。それは具体的にどういうことからわかりますか？

山﨑　それはですね、コロナによって世の中の仕組みが大きく変わって、今まではうまくいかなかった人が急にうまくいったり、今までうまくいっていた人がダメになったりしている。その中でも、ちゃんと時代が見えているなと思うんです。

平本　コロナという予想だにしない出来事、でも自分は時代が見えてる、と。つまり、どう時代が変わっても自分は稼げるということ？

山﨑　うーん、今は見えてる。もう2回くらい、ガラッと世の中が変わったら、「あれ？見えなくなっちゃった」っていう可能性ありますよね。

平本　なるほど。

こういうワードが出たら深掘りしてみましょう。「今は」という言い方ですが、さらに3段階くらい時代が先に行くと？

山﨑　見えなくなるかもしれない。

平本　……というのがたぶん、「お金」で満たされていない3点の部分なんです、きっと。

山﨑　だからやっぱり、しっかり学び続けていないといけないですよね。

平本　はい。こうやって、山﨑さんの信念体系が出てきますよね。「学び続けていないと、2、3回世の中が変わったら稼げない」という信念がある。これは、いい悪いじゃなくてね。

山﨑　そうですね。

平本　ほかにはこの7点の中身はありますか？

山﨑　だいたい出たんじゃないでしょうか。

平本　では、満足している2分野、「自己成長／学び」、「お金」について話してみて、気づいたことはありますか？

山﨑　わりと、自分の人生の軸になっているかなと思います。

平本　なるほどね。

●ステップ②満足していない分野

平本　さあ、今度は逆に、「この分野はもう少し上げたいな」というのを1つか2つ、選んでほしい。これも、必ずしも数字が低い分野とは限らないですよ。

山﨑　「楽しみ／娯楽」を上げたいですね。

平本　もう1分野、挙げるとしたら？

山﨑　うーん。「健康」を上げたいですね。

平本　なるほど。「楽しみ／娯楽」と「健康」を上げたい。

では、「楽しみ／娯楽」は7・5点ですが、足りないと思う2・5点の中身を教えてもらっていいですか。

山﨑　うーん、コロナで海外旅行に行けないのが、おもしろくないなと。

平本　なるほど、海外旅行。あとは？

山﨑　あとは……海外旅行と近いんですが、見知らぬものを見て「うわっ」というサプライズ感が足りない。

平本　見知らぬものを見るサプライズ。あとは？

山﨑　あとは、学びに近いところがありますけど、ドカーンと自分の好奇心が爆発する。で、忘我・没頭の境地になって、時間も忘れてしまうような、そんな喜びを探していますね。

平本　なるほど。じゃあ、それらが全部満たされると、10になっていますか？　正確に言うと。あるいは、9・5くらい？

山﨑　そうですね……（考え込む）……もっと、ヒリヒリするくらい遠くに行かないと10点には……。

平本　ですよね。そこを教えてください。もっとヒリヒリするとは？

山﨑　もっと想像もできないようなこと。今、想像しながらいろいろしゃべっているんですけどね。

たとえば、エジプトのピラミッドを見たら「おお」と驚くとは思うんですよ。だけど、そんなものじゃないヒリヒリ感。

平本　うん。たとえば……「宇宙人が来た」とか。

山﨑　うわー、いいですねえ。

平本　山﨑さんが地球人代表で迎える、とかね。

山﨑さんなりの妄想で言うと、どのくらいになります？　今言った宇宙人くらいのレベルでいいですよ。

山﨑　……宇宙ステーションに2日間滞在とか。

平本　宇宙ステーションね。はい。

……というふうに、本人が「足りない」と言うなら妄想でもいいので出してもらいたいんです。今ポッと出た「宇宙ステーション」みたいに、一見すると適当に言ったもののようで、実はその中に価値観を秘めている可能性がある。「上戸彩と結婚」でもいい(笑)。たとえばね。

他にもありますか?

山﨑　えーと、人類の可能性に挑戦する、能力開発のサンプル実験に使われる。

平本　ほーう。いいですね。能力開発のサンプル実験に使われる。ビフォーアフターでこんなに変わりました、と。

山﨑　そうそう。あとは……(考え込む)……何かこう、人類がアンタッチャブルだった科学のゾーンみたいなものに、なぜか僕が選ばれてですね、その秘密を知る1人になるんです。

平本　おー。禁断の科学。

山﨑 そうそう。

平本 これが満たされたら10点？

山﨑 10点、行きますね。

平本 ＯＫです。

これ、中には10点まで出てこない人もいるんです。そこは無理に引っ張らずに、先に行ってくださいね。

さて、こんなふうに、上げたい分野というのは一般に、本人が不満なところが多いです。そのときは不満の中身を先に聞いてあげるほうがいい。

一方で、不満とはいえ、満たされている部分もある。山﨑さんの「楽しみ／娯楽」で言うと、7・5点はあるわけですから。

山﨑 たしかに。

平本 本人にとって不満な分野について、「そうは言ってもいいところもあるでしょう」と最初から聞いても、普通は「いや、いいところないです」と答えやすい。

ところが、先に不満なところを具体的に、かつしつこく、歯磨きのチューブを絞るように聞いてあげると、人間の心理は反対に動きやすい。これを反動形成、リアクタンスと言います。
つまり、たとえ1点か2点しかない人でも、最初に9点分の不満な部分を聞いてあげると、そのあとに「とはいえ、あえて言えば、1点分のいいところは?」を聞いたときに出てきます。

山﨑　なるほど。おもしろいですね。

平本　というわけで、あえて言えば、満足している部分は?

山﨑　そうですね……瞑想をするようにしていて、さっき言った不満な部分というのは、どちらかというと「外へ外へ」という感じですけど、瞑想しているときの僕は「中へ中へ」と見ていくスペクタクルみたいなものを楽しみはじめているんです。

平本　はいはい。

山﨑　ようは、特別なもの、珍しいものが楽しみだとか、娯楽だとかいった概念とは反対に、日々の生活を楽しんでいたりね。
コロナ前は、ずっと日本中を回っている生活だったんですね。ホテルに年間200泊する生活を32年やっていましたから。それが東京にずっといる生活になった。すると、なんでもないような時間が特別だ、という豊かさを感じるんですよね。

平本 なるほどね。他には？

山﨑 他にはネットフリックスとか、楽しいですね。

平本 なるほどね。あとは？

山﨑 ギターを弾いてます。中学時代によく弾いていたんですけど、久しぶりに引っ張り出して。

平本 ほー。あとはありますか？

山﨑 あとはZoom。Zoomだとかｌｉｎｅ電話で、「暇なんだけど、誰かいない？」みたいな感じで呼びかけてみたり。昔のアマチュア無線みたいな感じですよね。「ＣＱ、ＣＱ、誰かいない？」みたいな。

そういうなんでもないような時間が楽しいですね。

平本 なるほどね。たしかに、不満な部分は外、満足しているのは中、という感じですね。さあ、今度は「健康」に行きましょうか。ここで、足りない２・５点の中身は何ですか？

山﨑 これまで55年、生きてきましたけど、やっぱり今が一番キレキレなわけじゃないですよね。

平本　ほう、そうなんですね。

山﨑　やっぱり、そうだな……16歳から23歳くらいかな。圧倒的に身体に自信がありました。その残像があって、「あそこへ戻せないかな」と。おこがましい話ですけど、あの頃のキレキレ感に対する憧《あこが》れがありますね。

平本　具体的に言うと、身体の自信ってどんな感じですか？

山﨑　思うように動く。負荷に耐える。そして、人ができないことができる。

平本　たとえば？

山﨑　ぼくは反復横跳びの広島大学記録レベルの記録を持ってましたからね。

平本　へー！　それはすごい。

山﨑　よくわからないけど、圧倒的な自信を持ってました。あの圧倒的な感じが今はないんです。

平本　なるほどね。

あとはありますか？　この2・5点の中身は。16歳から23歳のレベルで反復横跳びができるようになったら10点？

山﨑　いや、そうではなくて……「何でもこい！」と思ってた、あの心の状態だと思うんですよね。健康に対する自信。

平本　ほう。身体のことを聞いているのに、心の状態が出てきました。おもしろいですね。

山﨑　そうなんです。身体に対する圧倒的な自信、その心の状態。これが欲しいですね。

平本　じゃあ、それが手に入ったら10点になる？

山﨑　なりますね。

平本　おお、すばらしい。

では一方で、それでも「健康」は７・５点ある。満たされている部分は何ですか？

山﨑　まず、最近ジムに行って走るようになりました。それで「おお、３キロ走るくらいならできるんだな」と。30分くらいかけて、ゆっくりのペースなんですけどね。

そうやってしばらく走っていたら、大殿筋がついておしりがきゅっと上がってきたんです。「おお、筋肉は覚えている！」と。

平本　いいですね。

山﨑　まだ走っているだけで筋トレはできていないんですけど、「どうしてやらないんですか？」ってインストラクターに聞かれるんです。筋トレに関しては、本気でやってた20代前半の記憶があって、あれに戻るのは怖い感じがある。あまり一気にがんばってしまうと、すぐにやらなくなっちゃうんじゃないかって。それよりも、ちょっとずつちょっとずつ、楽しく運動できる範囲を広げていこう……という気持ちがあります。

平本　ほかにありますか?

山﨑　そうですね……健康診断はバッチリ、というところに持ち込みたい。

平本　なるほど。今はバッチリじゃない。

山﨑　そうです。バッチリじゃない。健康診断の結果を点数にすると、80点から85点くらい。

平本　なるほど。わかりました。

●ステップ③向上させたい分野

平本　さて、では次のステップです。

8つの分野の中で、一番最初に「ここを上げよう」と思うのはどれか。今から行動するとしたら?「健康」でもいいし、「楽しみ/娯楽」でもいいし、それ以外でもいい。

今、不満があったのはこの2つですけれども、話しながら「こっちのほうが上げたい

山崎　今すぐ？

な」と思うこともありますよね。どれでもいいです。今、上げたい分野は？

平本　うん。今すぐ「ここに向けて行動を取っていこう」と思うのは？

山崎　えー……「健康」かな？

平本　「健康」。まあ、多くの場合は、不満な分野から出てきやすいですね。ただ、不満を話しつくして、とはいえ満たされている部分もある、と話していくと、「もうこれはいいや」という人もたまにいるので注意です。

では、今「健康」は7・5点。キレキレの16歳から23歳の頃、「何でもこい」という状態になったら、それが10点でしたね。

ちょっと想像してください。「健康」が10点になった。今この瞬間、10点になっています。生活は何が変わっていますか？

山崎　まず、ぱっと見たときに「うわっ！」って驚くようなオーラを発していると思います。

平本　誰から見て？

山崎　他人から見てですね。そして、自分が鏡を見たときに、「わっはっはっはっは……

何これ、すごいな」と、自分で高笑いが出るほどすごい感じになっていると思いますね。

平本 なるほど。じゃあ、ちょっと想像してみてください。そっちから歩いてきましょうか。ここに鏡がある。自分の姿を見た瞬間。10点の高笑いをお願いします。

山﨑 （歩いてきて、鏡を見る）……わっはっはっは。わはははははは。

平本 へえー。

山﨑 もう、「ばかじゃないの!?」というくらい、バーンとオーラが。

平本 では、そんなオーラが出てるとしたら。具体的に生活はどう変わっていますか？

こんなことをやってるとか、あんなことをやってるとか。今までちょっと遠慮してたけど、こんな俺だったら余裕であの人にアプローチできるな……とかでもいいし。

山﨑 えーと……僕はこんなたとえをよく言うんです。

「もし、あなたが誰かの肩にふれると、その人の人生がどんどん好転していくとする。あなたはどれだけの人の肩にふれますか？」と。

そんな自分になれている気がします。誰かと会うだけで、その人の人生が好転していく。そういうエネルギーを分け与えられる自分になってると思います。

平本 そうなってるとしたら、実際に今日から会う人、明日の朝から会う人。もしくはオンラインで話す人に対して、具体的にどうしますか？

山﨑 具体的に……今はリアルで会いにくいので、Zoomとかになると思うんですが、とにかく目と目が合うような状況を作るでしょうね。

そして、今はどちらかというと、ロジック重視になっている自分がいます。現状がこうだから、こうすればうまくいくよ、と説明して納得してもらうみたいな。そうではなく、僕自身の存在、エネルギーで「いけるよ！」と伝えるようになるんでしょうね。それを数多くやっていく。しかし、焦るとそのエネルギーがブレるんですよ。焦らずに伝えていく。

……あ。自分がそうなれているときの姿勢があります。

平本 どんな姿勢？

山﨑 胸を張っているんですけど、少し後ろに反って、腸腰筋《ちょうようきん》がやや伸びる感じ。そうなるとそのエネルギーが出てる感じがします。

平本 じゃあ、やってみましょう。胸を張って、ちょっと身体を反らして、腸腰筋が伸びる。

その姿勢で、Zoom上だったらどんな声をかけていきますか？ みんなにでもいいし、

1人ずつでもいいし。

山﨑　……「自分の軸にのっとって、やっていけばうまくいくよ」って。その人の価値観の軸。「自分自身で大丈夫なんだよ」って伝えたいですね。

平本　OK。じゃあ、もう1回さかのぼります。

鏡を見た瞬間、わっはっはっと高笑い、というのをもう1回再現します。そしてZoomをはじめる。「実はさ、昨日から不思議なことがあって。僕と目が合っただけでその人が元気になるようになっちゃったんだよね」と話しはじめましょう。

じゃあ、わっはっはから行きましょう。

山﨑　（歩いてきて、鏡を見る）……わっはっはっは！

平本　そして、胸を張って、少し反って。腸腰筋を伸ばす。さあ、今からZoomをはじめます。「いや実はさ……」

山﨑　実は、不思議なことが自分に今、起きていて。会うだけでその人の人生が好転していくっていう力を宿しちゃったんだよね。

〇〇ちゃん、いけるよ。すごいことになっていくと思う。自分の大切にしてる価値観、そのままでいいんだから。バッチリだよ！

平本　……OK。どうですか？

山﨑　まず、自分が気持ちいいですね。

平本　今みたいにできたとしたら、健康は何点ぐらいですか？

山﨑　10点。か、9・5点。

平本　なるほどね。

さあ、ここからポイント。

多くの人はいきなり10点にしようとすると、すべります。小さなステップで行きましょう。1点もしくは0・5点、上がってる状態を目指します。小さいステップで行きます。

山﨑　ちょっとずつですね。

平本　では、7・5点を8点、または8・5点にするとしたら。どっちでもいいです。よりステップバイステップ感があるのは？

山﨑　じゃあ、8点を目指します。

平本　7・5点から0・5点上げる。わかりました。

先ほど、9・5点か10点のイメージができました。では、0・5点上がって、8点になっているとしたら、何が違いますか？

山﨑　さっき、今はロジック重視になっていると言ったんですが、理論的に伝える力をさらに力強くしようとすると思いますね。

平本　というと？

山﨑　10点に近い自分は、エネルギーでやろうとしてるんです。エネルギーの高いところから音を出すことによって、人に伝わっていくんだと。だからこそ「あなたの軸にのっとった、エネルギーの高い状態を作ったらいいんだよ」という話になってる。

8点だと、まだ今までやってきたやり方によっている。今まで自分がやってきて、うまく行っている、理論的に伝える方法。それをさらに力強くやろうとする自分がいますね。

平本　なるほど。

では、今日から変えるとしたら、0・5点上がっている状態になるために、たとえばZoomをはじめる前にわっはっはとやる。姿勢を変える。そこからはじめるだけでもいい。

それプラス、「実はロジックよりエネルギーが大事なんだよ」と言いはじめてもいい。

自分が一番やりやすいやり方で。

山﨑　わっはっはですね。最高に気持ちいい。

平本　では、想像してください。また向こうから歩いてきて。明日の朝、Zoomをはじめる前に、わっはっは。そして、いい状態になったらパソコンの前に座ってください。

山﨑　（歩いてきて鏡を見る）わっはっはっはっは。

平本　では、Zoomをはじめてください。どうぞ。

山﨑　みなさんおはようございます。

元気にしてますか？　やばいですね？

……このテンションですね。

平本　はい。この感じではじめられたら、7・5点が何点になる？

山﨑　もう、8・5点から9点ぐらい来ていますね。さっきの9・5点〜10点との違いは、あとは自分に対する信頼だけです。テンションは今くらいのでいい。あんまり行きすぎると人が引いちゃう感じがある。

平本　なるほど。行きすぎるとみんなが引くのと、自分が「これちょっと違和感」って遠慮しちゃうのを避けたいですね。

では、とりあえず「わっはっは」と笑って胸を張って、腸腰筋を伸ばす。そして今のテンションで話しはじめる。

ということで、明日からそれで行きましょう。

解説　◎セッション6

●「もう1つ挙げるとしたら？」がポイント

平本　こんな感じです。どうでしょう。

山﨑　おもしろいですね。ちょっと解説してもらいましょう。

ステップ①として、満足している分野を2つ選びましたよね。これはなぜですか？

平本　満足している分野を選んで、それについて語ってもらうと、リソースフルないい心の状態になります。

山﨑 リソースフルというのは、すでにできている部分に目を向けて、それをリソースとして活かせるような心の状態ですよね。

平本 そうです。「うまくいってないんですよ」とは言っても、8つの分野を書いてみたら1個か2個はマシな点ってありますよね。たとえば、ほとんど1点か2点なのに、これとこれは5点、4点あるとか。そこを聞いていく。

山﨑 たしかに、書いてみたら意外と点数が高いってことはありますよね。

平本 無理やり「現状はそう悪くない」という見方に導くんじゃなくて、ただ点数をつけてもらって、話を聞いてているだけで、「そんなに何もかも悪いわけではないな」と思うわけですね。

山﨑 聞き方としては、何が満たされているかを具体的に聞いていく。

平本 そうですね。具体的には何が満たされているのかを聞いたら、さらに「他に何かないですか?」と。

山﨑 他には、他には、と深掘りしていくわけですね。2つの分野を。

平本 できれば2分野。時間がなければ1分野でもいいです。

次にステップ②、満足していない分野を2つ、聞いていくわけですが、これも時間がなければ1分野でもいい。できれば2分野がいいけれど。
なぜかというと、たとえば山﨑さんは「楽しみ／娯楽」を不満に思っていて、それが真っ先に出てきた。でも、「もう1分野、挙げるとしたら？」と聞いたら「健康」が出てきた。

山﨑 そうでした。結局、「健康」が主なテーマになりましたよね。

平本 そうなんです。
実は多くの人が、自分が意識の上で扱いたいと思っているテーマとは違うテーマを本心では扱いたい。それが、2分野くらい聞いておくと出てきやすい。

山﨑 なるほど。「他にありませんか？」「もう1つ挙げるとしたら？」が大事ですね。

●「相手に寄り添う」原則を忘れずに

平本 さて、ここで「ライフ・チャート」を進めていく上での基本的な前提。それは、相手に寄り添えば寄り添うほど、導くことができるということ。

山﨑 第3章で出てきた、クライアントと同じ目線で、という話に通じますね。

平本　そう、基本はここでも一緒なんです。

というわけで、ステップ①では、まずは相手が満足していることに一緒に目を向けていく。そうすると、気分は上がっていきます。クライアントと一緒に気分を上げていくんです。

じゃあ、それだけでうまくいくかというと、ここで「ちょっと待ってください、ほかがダメなんです」となる。それは何？　と言ったら、ステップ②の満足していない分野なんですね。ここも「じゃあ具体的に教えて」と聞いて、そうかー、そこがうまくいっていないのか、と今度は一緒に下がっていく。すると、クライアントは認めてもらっている気がする。

そして、ここがポイント。さっきリアクタンスという話をしましたね。

山﨑　人間の心は、一方向に行くと、逆に行きたくなるという。

平本　そうそう。満足していない分野で、どういうところが満足していないか具体的に聞けば聞くほど——つまり、マイナスに振れば振るほど、今度はプラスが出てきやすくなる。
そこで、「あえて言えば、満足していない分野で満足している部分は？」と聞いていく。山﨑さんの「健康」で言ったら7・5の部分を聞いていくわけです。

山﨑 でもこれ、満足していない分野については「0点」という人もいませんか？

平本 たまにいます。そういう場合は、「じゃあ何でマイナスじゃないんですか？」と聞くんです。すると、「まあ、そう言えば……」と満足している部分が出てくる。

山﨑 なるほどね。「生活環境」が0点の人でも、「じゃあ何でマイナスじゃないんですか？」と聞いたら「まあ、住む家はとりあえずあるんで」みたいな。

●Doingではなく、Beingを明確に

平本 さて、ステップ①、ステップ②ときて、ステップ③はいよいよ、今、上げたいところを聞いていきますよ。

ここで、不満な分野を2つ、挙げてもらったのが効いてきます。

山﨑さんの場合で言うと、最初に挙げた「楽しみ／娯楽」を上げていこう、じゃあ海外旅行は無理でも国内旅行しましょう、近所で行ったことのない場所へ行ってみましょう、といった話に持っていっても、たしかに悪くはないけれど……そんなに盛り上がら

ないでしょう？

山﨑 そうですね。

平本 それより、「健康」に関してのほうが「最近ジムへ行って走り出して、お尻に筋肉がついてきて……」って明らかにノッてますよね。「今はキレキレじゃない、16歳から23歳のときは……」って明らかにテンションが上がったじゃないですか。

山﨑 あー、たしかに。

平本 つまり、本人は1つ目に挙げたことに引っ張られやすい。でも、2個くらい聞いておくと、本人がフォーカスが向いているところが見えてくるんですね。だから、「どれを上げたい？」と聞いたら山﨑さんは「健康」を選んだ。

山﨑 この短時間で、そこまであぶり出したわけですねー。すごい。

平本 全体の流れを整理しておきましょう。

ステップ①、満足している分野を聞く。できれば2つ。

ステップ②、満足していない分野を聞く。これもできれば2つ。

ステップ③、向上させたい分野を聞く、という流れです。

最後のステップ③で聞きたいこととして、10点になっている状態をできるだけ鮮明に聞いておきたい。

山﨑　その人にとってのゴールですね。

平本　そうなんです。ここで間違えちゃいけないのは、doingで聞いてはいけない。「何をしたら10点になりますか？」と聞くのは絶対にダメです。「10点になったとしたら、どういう状態になっていますか？」ということ、beingを聞きたい。

たとえば、よくあるのが、今年収６００万円の人が、年収１０００万円にしたい。「１０００万円にするために何をしますか？」「今以上にがんばります」みたいな聞き方をしますよね。そうじゃなくて、「年収が１０００万円になったら何が違ってますか？」と聞いたら、「家族が旅行に行きたいときに出かけられますね」「２世帯住宅に引っ越せます。本当は前からそうしたかったんです」とかが出てくる。これを聞きたいわけですよ。

山﨑　つまり、10点になった状態＝beingを、クライアントがありありとイメージできるようにする。

平本　そう。映像として見えるように。

「ライフ・チャート」の実習

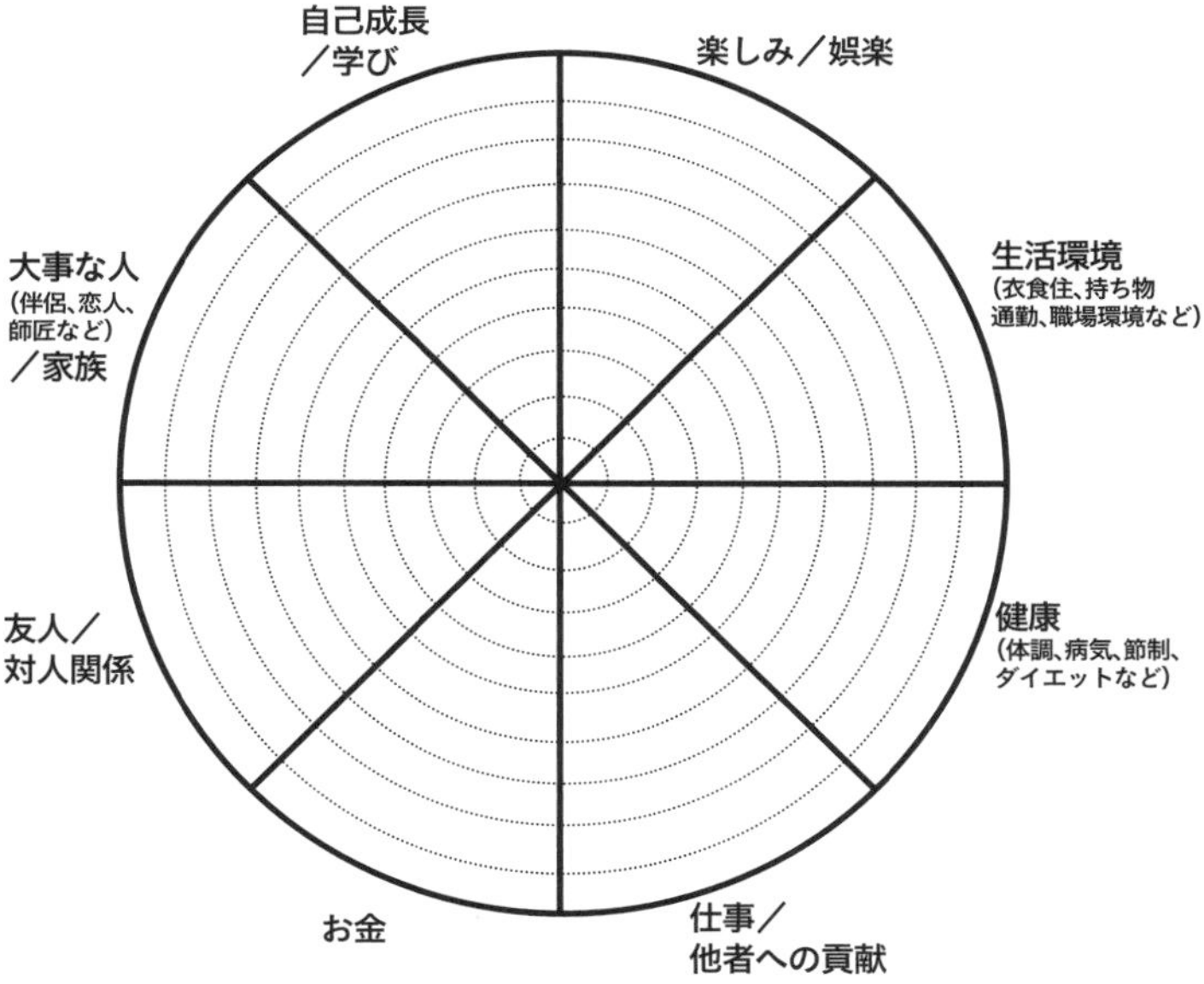
自己成長
／学び
楽しみ／娯楽
大事な人
（伴侶、恋人、
師匠など）
／家族
生活環境
（衣食住、持ち物
通勤、職場環境など）
友人／
対人関係
健康
（体調、病気、節制、
ダイエットなど）
お金
仕事／
他者への貢献

山﨑さんの場合は、10点になったらオーラが出ている。触れただけで人が幸せになる……というのがbeingでしたね。

このbeingを聞くと、それに向けて何をしたらいいのか、つまりdoingは自然にわかるんです。

ここで大事なことは、しばしば本当に実現したいことが、本人がそれまで意識していたものとは別のものに入れ替わること。

山﨑さんは16歳〜23歳のキレキレな状態に戻りたい、と言っていた。それが、10点の状態をイメージしてもらったときに出てきたのは、会っただけで相手の人生を好転させてしまうようなオーラを身につけることだった。

山﨑　たしかに。それは、10点になった状態＝beingをイメージしたからポロッと出てきたんですよね。10点にするために何をしたらいい？　って最初からdoingを考えていたら出てこない。

平本　そういうことです。というわけで、いきなり行動レベルで考えてもダメ。ゴールを頭で考えているのでもダメで、本人が10点になったときの状態、そのシーンをありありと臨場感をもって再現したとき、ゴールが見えてくる。

山﨑　臨場感。これまでのレクチャーで、平本さんが何度もおっしゃっていた基本がここで生きてくるわけですね。

平本　そう。そして、ゴールが見えた上で、いきなり10点を目指すんじゃなくて、現状より０・５点とか１点とか上げるにはどうしたらいいかを考える。すると、やるべきことが具体的になる。山﨑さんの場合だったら姿勢を変えて、鏡の前でわっはっはとかね。

山﨑　いやー、「ライフ・チャート」っておもしろいツールですね。聞くことが決まってるという意味では初心者向きでもあるし、これまで学んできたことを活用するとどんどん深掘りできる。さっそく「ライフ・チャート」の用紙をコピーして、やってみたくなるんじゃないでしょうか。ぜひ試してみて、みなさんの周りの人がハッピーになるお手伝いをしてみてください。

おわりに

私は特別、何もない人間だった。子供時代から実家は貧乏で、風呂無しトイレ共同の生活。偏差値37から三浪して大学、大学院へ進学したものの、高層ビルの窓拭《まどふ》きや塾講師、レストランのウェイターなどのフリーターとして、36歳まで月収20万円以上稼いだこともなかった。1995年には、阪神淡路大震災で両親も亡くす。

その後、一念発起して渡米したものの、シカゴのすし屋でバイトしながらの生活、英語の読み書きはできても、話す聞く英会話が難しく、アドラーの大学院で600時間のカウンセリング実習では、かなり悪戦苦闘した。

2001年の9・11の2週間後に、日本に帰国したときに持っていた全財産はたったの10万円。友人宅に居候。私が手にしていたのは「引き出す技術」だけ。

今でも私にはそれ以外、特に才能のない人間。本人も気付いていない無意識から、身体感情レベルで「引き出す技術」以外は……。そんな私でも「引き出す技術」さえあれば、オリンピック選手やトップアスリート、上場企業経営者や日本を代表する俳優、アーティストが頼りにしてくれる存在になれた。

世界の第一線で活躍する人ですら、本人の可能性の3～7％しか発揮できていない。そんな方々は、もっと可能性を発揮したくて私を頼りにしてくれる。「引き出す技術」は、本人も気づいていない無意識的有能（つまり自分でうまくやれているのに、どうやってできているのか本人も無自覚な能力）を、引き出し、意識化することで、いつでもどこでも発揮できるようになるゾーン・フローを再現する技術。

だからこそ、本書の共著である拓ちゃん（山﨑拓巳）のように才能に溢《あふ》れ、大量行動をし、ものすごい結果を出している成功者にすら、「引き出す技術」でさらに可能性を発揮するお手伝いができる。

ところで、誰もが幸せになりたいと思っている。でも何が幸せかがわからない。理由は3つ。1つ目は一人ひとり、人によって何が幸せか違うこと。2つ目は、時期によって、同じ人でも何が幸せか変わってしまうこと。3つ目の一番肝心なのは、本人ですら何が幸せか、気づいていない、ということ。

質問をしたり、頭で考えたところで、本当はどうしたいのかがわからない。それを、身体感情レベルを通して、無意識から引き出していくのが、本書で紹介した「引き出す技術」。

この技術を使って、まずは自分自身の「本当はどうしたい？」「自分だからこそ何ができる？」を引き出してみてほしい。そして、他人からも「本当はどうしたい？」「あなただからこそ何ができる？」を引き出してあげられるようになってほしい。

ここまで読んでくれたあなたなら、もう気づいているはず。この技術は、実は「人を助ける技術」でもあるということを……。

この先どれだけＡＩが発達しても、この技術がすたれることはない。なぜなら、ＡＩはインプットされた目的に合わせて最大限効果的に機能するかもしれないが、そもそも、本当はどうしたいかの目的は人間が決めないといけないから……。

だから、生涯にわたって、あなた自身が成功するばかりでなく、誰かに貢献できるようになる。そして、貢献を通して、感謝され応援されるからこそ、永続的な心の平安と幸せを安定的に得ることができる。

ぜひ、この「引き出す技術」を自分のため、人のため、社会のために役立ててほしい。

平本あきお

２０２１年１月末日

謝辞

本書を出版するにあたり「引き出す技術」がここまで体系化できたのは、私1人だけの力ではありません。

まずは、本著者のタクちゃん（山﨑拓巳さん）。私自身、自分がやっているコーチング・カウンセリング・瞑想《めいそう》のセッションを、ここまでわかりやすく解説することは難しく、タクちゃんの解説に私自身も眼から鱗《うろこ》が落ちるような気づきがありました。私の才能と技術を発掘してもいながら一緒に本を作れて本当に楽しかったです。ありがとうございました。

そして、かつて同じ会社で働いていた大樹（宮越大樹：株式会社アナザーヒストリー）、陽さん（柘植陽一郎：一般社団法人フィールド・フロー）、じゅんくん（原潤一郎：一般社団法人日本親子コーチング協会）には、「引き出す技術」の中でも特にコーチング・トレーニングの体系化やアスリートへの関わり方で大変お世話になり本当にありがとうございました。現在はそれぞれ別の会社に所属していますが、本書がそれぞれの活動の応援になることを切に願っています。本書をここまで読んでくださった読者のみなさん、ぜひ、大樹、陽さん、じゅんくんの活動にも注目していただけると私もとてもうれしいです！

また、今回このように書籍という形で世の中に発信できたのは、前会社・チームフローや現在経営している会社・平本式のスタッフの皆さんの支えがあったおかげです。心から感謝しています。

そして、これまで私のもとでコーチング、カウンセリング、瞑想の「引き出す技術」を学んでくれた卒業生の皆さん。皆さんが教えを実践して成果を出し続けてくれているから、私もがんばれます。これからも、「引き出す技術」で人に社会に現場で貢献していきましょう。

２０２１年１月末日

平本あきお

［略歴］

山﨑拓巳（やまざき・たくみ）
作家、セミナー講師
現在までにベストセラー『やる気のスイッチ！』など50冊超、累計160万部のベストセラー作家。
著書は、日本のみならずアメリカ、香港、台湾、韓国、中国ほか、海外でも広く翻訳出版されている。講演活動は、「凄いことはアッサリ起きる」-夢-実現プロデューサーとして、メンタルマネジメント、コミュニケーション術、リーダーシップ論、コーチングなど多ジャンルにわたり行っている。アーティストとしての活躍の場も拡がり、国内外にて絵画展、Tシャツやバッグ制作などの展開も。あらゆる可能性にチャレンジを続けている。

平本あきお（ひらもと・あきお）
アドラー心理学修士／金メダリストメンタルコーチ
カウンセリング・コーチング・瞑想のプロ
米国アドラー大学院修士号取得（Adler University M.A. in Counseling Psychology）
東京大学大学院教育学研究科修士号取得（臨床心理）
「人が幸せになる、科学的で体系的な方法を見つけたい‼」と39年間探し求め、世界中のカウンセリング、コーチング、瞑想を統合し、包括的で再現性のあるオリジナルメソッドを開発。大学院卒業後、病院での心理カウンセラーや、福祉系専門学校の心理学講師を歴任。1995年阪神淡路大震災で両親を亡くしたことを機に、一念発起して渡米。アメリカでは、小学校や州立刑務所、精神科デイケアなどに、コーチングを初めて導入。2001年ニューヨークテロ直後、日本に帰国し起業。北京オリンピック金メダリスト、メジャーリーガーなどのトップアスリートや有名俳優、上場企業経営者をコーチング。産業、医療福祉、教育、政治、スポーツ、芸能など各業界のリーダーや、起業家もサポート。9万人以上に研修。

引き出す力～あなたの中の「宝」を掘りおこす！

2021年3月1日　　第1刷発行

著　者　山﨑拓巳　平本あきお
発行者　唐津 隆
発行所　株式会社ビジネス社
〒162-0805　東京都新宿区矢来町114番地 神楽坂高橋ビル5F
電話　03(5227)1602　FAX　03(5227)1603
http://www.business-sha.co.jp

〈編集協力〉川端隆人　〈装幀〉三瓶可南子
〈撮影〉石本馨　〈イラスト〉ヤギワタル
〈本文組版〉メディアタブレット
〈印刷・製本〉中央精版印刷株式会社
〈営業担当〉山口健志　〈編集担当〉本間肇

ISBN978-4-8284-2255-8